U0103357

設計是一種孤獨的幸福

盧永強

目錄

自序

第一章 設計是孤獨的

第二章 無知是最幸福

第三章 設計的高度

鄭基恩

設計是一種孤獨的幸福，信焉。

"I need solitude, which is to say, recovery, return to myself, the breath of a free, light, playful air." (Friedrich Nietzsche)

人生說到底，很多場景和經歷都要自己面對和應付，孤軍作戰是一種考驗、試煉，也是鐵漢的浪漫！毫無疑問，獨個兒的好處，就是冷靜沉鬱，有遼闊深邃的空間可以思考想像、探索馳騁，這正正是藝術家所必須的！

也許，就是這種孤高、靜謐，啟迪了David，使他成為一個充滿趣味性、幽默感的設計大師。看看他的作品，委實五花八門，又能與時並進，處處洋溢著蓬勃的朝氣和生命力，總是教人目不暇給、拍案叫絕！

這部自傳式的散文集，既是David的生命圖譜，也是其創作嘉年華，不但體大思精，而且充滿驚喜！字

校長
拔萃男書院

Ronnie Cheng

Headmaster,
Diocesan Boys' School

裡行間，總流露出 David 觀人於微的一種敏銳觸覺，展現了他與人相處時獨有的智慧和見解，非常耐讀。尤其是第八章的書院往事，那種對母校真摯的眷顧、支持及愛護，溢於言表，也道盡了一眾舊生的心聲；情懷熱血，義無反顧，令人回味無窮！

很高興這部情文並茂的著作，成為 David 嶄新的里程碑！期待一起邁向更高、更遠的境界，我們繼續創意澎湃！

"I love to be alone. I never found the companion that was so companionable as solitude." (Henry David Thoreau)

對酒狂歌，一劍獨往。讓我們擁抱快樂的孤獨！

陳幼堅

創作總監
陳幼堅設計公司

Alan Chan
Creative Director,
Alan Chan Design Company

時光飛逝，認識 David 轉眼已經二十七年。

還記得一九九六年他加入我公司，在相處的過程裡，我已經能感受到這位小伙子對理想的堅持，還有對設計的熱情。

追夢固然美好，過程一點都不容易，尤其生活在大時代下，社會環境經歷多番變化，能從一而終實踐自己的抱負則需要很多努力與堅持。看到 David 一步一步為設計行業貢獻一己力量，成為更好的自己，我知道他的付出絕對沒有白費，看到他今天的成就並率先出版自傳作品，我更由衷替他感到高興。

夢想從來都不遠，只要你不放棄追求。David 是一個沉默務實的人，他知道自己想要什麼，目標比誰都清晰，然後努力去完成。他這份堅持精神，最值得現在的年輕人學習，也是我最欣賞的。就如這本書的名字，雖然設計是孤獨，但設計帶來的滿足感是無可言喻的。希望每一位熱愛創作的人都能擁抱孤獨，不要放棄心中的夢想，終有一天會找到屬於你的一方樂土。

最後，我想送給David和所有同路人一首歌One *Moment in Time*：

Each day I live
I want to be
A day to give
The best of me
I'm only one but not alone
My finest day is yet unknown
I broke my heart
Fought every gain
To taste the sweet I face the pain
I rise and fall
Yet through it all

This much remains

I want one moment in time
When I'm more than I thought I could be
When all of my dreams are a heartbeat away
And the answers are all up to me
Give me one moment in time
When I'm racing with destiny
Then in that one moment of time
I will feel, I will feel eternity

這是 Whitney Houston 於一九八八年在漢城奧運會演唱的歌曲，唱出人生不可能一帆風順，挫折和失敗是人生旅程必經之路，給困難一點時間，你終將會是勝利者。

設計師 / 廣告人 / 電影導演 / 藝術創作人 /
媒體人 / 教育工作者…
八萬四千溝通事務所

anothermountainman

Creative Director,
84000 Communications

又一山人

人生就是無數的抉擇

縱然相識十多年，除了跟 David 主持的 HKDC DFA 大獎一起當評委；說實的，我們真的未曾共事共創，那，為何我是被選中為他寫序呢……

有幸先睹為快，看畢全書，覺著 David 跟我有不少相似的地方。他住黃大仙下邨，我住上邨。年紀小小就去投稿比賽。自小喜歡問 why 和 why not。他小時候不停為家人和朋友添煩添亂，而我被家人認定是「生嚿叉燒好過生你」。與時並進，保持年輕，做王道廣告人（可能我自己黑不起）。自覺自醒，不要眷戀 comfort zone（犯賤！）心態。大家都是創意斜槓，設計、廣告品牌顧問、創意教育，也做過媒體人……還有，我們都做過一次 TVC 路人甲。讀著讀著，他寫的他的價值和態度，我亦有極多共鳴之處；可能這就是 David 選我這個性相近創作人寫序言的原因吧。

書裡他寫的我都看在心裡：

take chance when you are young...

沒有固定賽道，無邊無界的修煉場。

設計是過程，孤獨是沉澱。

adventure may hurt you...

還 quote 了 George Nelson 的：

You don't think your way to creative work.
You work your way to creative thinking.

David Lo 在三十年華文創意大家庭中的不同角色，不同時空的不同目標，不做一個後知後覺自己的自己，正如我寫過一句品牌 slogan「走在自己前面」，不跟大隊，不貪安逸。箇中的孤獨感，心中定了就義無反顧，guts，自我承擔，決心，堅持和努力……我是過來人，一定了解。這點也是我認為大家欣賞 David，和值得年輕創作人學習的角度。

最後，想以我寫過的一句說話跟 David 和大家分享：

人生的進程就是無數的抉擇，
不要過於用腦，
清楚聽到自己心裡說話，
用心行事。

又一山人 共勉／2023

P. S.

我諗我心境後生過你最少十八個月，
唔好跟人叫我炳叔叔。

等我哋七老八十，再來談心，
青春無悔後，可會一生無憾……

孤獨路上，你隔離線仍然有我。

記錄 記憶

我的性格比較孤獨，小時候只喜歡繪畫和胡思亂想。天生有一個不合比例的大頭，永遠看似搖搖欲墜，我也真的經常跌跌撞撞，弄得一身瘀傷。我在六兄弟姊妹中排行最小，任性、主觀、自我、不苟言笑，總是得罪人多，稱呼人少，人際關係甚差，甚至有點討人厭。

我害怕人多，享受孤獨，懂事起已經沉迷日本特攝片，最愛《鐵甲人》和《伊斯巴》。我有空就會拿起紙筆亂畫，在塗鴉中建構我的宇宙。這個宇宙裡擁有無限可能，鄭少秋可以變成鹹蛋超人，王小虎可以決戰巴魯坦星人，完全天馬行空、自由奔放。

繪畫之外，我最大的興趣就是看漫畫，更看得比誰都認真。漫畫在我的生活是無處不在的，哥哥看漫畫、鄰居看漫畫，樓下理髮店更有無數漫畫供應，每天下課後最愛在那裡流連。

我喜歡的漫畫有很多，特別有感情的是《兒童樂園》、《老夫子》和《小流氓》，我童年的腦袋是集和

《鐵甲人》／《ジャイアントロボ》
七十年七十代日本特攝片，日本漫畫家橫山光輝作品。

《伊斯巴》／《光速エスパー》
七十年代日本特攝片。

平友愛、耐人尋味和血腥暴力於一身。

家住黃大仙下邨，典型的舊式徙置區，環境擁擠，衛生環境惡劣，廁所和浴室都是共用的，沒有甚麼私隱可言。

街坊來自五湖四海，差不多每家每戶都有本難唸的經；我樓層的鄰居，除了一般平民百姓外，有國民黨老兵、有破落大戶、有知識分子，也有不少黑社會人士。

有時候我在牆壁塗鴉，黑道街坊見我畫得不錯，便向我吹噓身上的紋身，熟絡了，更向我解釋圖案背後的意義，可信程度有多高就不知道了。記憶中燕子是屬於某數字社團，觀音紋身除了希望神靈保佑外，還寄望在廝殺時，仇家不敢向神明下手云云。當年少不更事，還把這些圖案畫在不同的課本上，每科代表一個社團，情況就像今天所做的 Corporate Identity Manual 般仔細。用圖像記錄故事，應該從那時候開始。

居於獅子山下，從早到晚都是震耳欲聾的飛機聲，

加上老爸養的八隻畫眉、相思，聽得多了，練就一身選擇性接聽的本領。

老爸年輕時行船，半生縱橫四海，上岸後在啟德機場工作，一雙手養活了一家八口。五、六十年代生活艱苦，家裡的傢俬和很多生活用品都是他親手製造，雖然有點粗糙，但是滿載老爸的心思和感情。有時會想，我可能遺傳了一點點他的手藝。

家裡還有一些航空公司的廢棄物資，刻在小湯匙上的泛美航空（**Pan Am**）字樣，相信這是我記憶中最早接觸的商標；國泰航空，更是童年最強的家居品牌。

小學時覺得生病是福，因為可以從家裡徒步往啟德機場看福利醫生，那三公里多的路，是我八歲前所能到達的最遠距離。在黃大仙困得久了，往機場途中所見的一景一物都感到特別有趣。那時候想得最多的，是為甚麼交通燈的公仔是男不是女？郵筒為甚麼一定要塗上紅色？一小時的路程就有一小時的奇思怪想，過程其樂無窮。

想得多了，上課時會喜歡問老師一些似是而非的問題，例如為甚麼錄音機的啟動掣一定是向右呢？為甚麼美術科評分時一定要用英文大草呢？小草不能嗎？中文更是我的最大謎團，為甚麼它能上下左右閱讀，而英文不能呢？我的頭那麼大，可能就是想得太多幼稚問題。

再大一點，就喜歡一個人往街跑，最常去的，是啟德遊樂場、九龍城寨和黃大仙廟一帶。城寨是一個迷離世界，圍繞城寨的店舖，九成都是牙醫，往裡面走，就會發現其中的千奇百怪。道友、妓女、賭檔，混雜無數老鼠和食物工場，在那一片黑暗和破落的環境中，彌漫著一陣陣的犯罪氣息。一個少年在裡面亂闖，體驗生活深層亂中有序的狀況，Chaotic Order 大概就是這樣了。

玩得心野，無心向學，轉校是家常便飯。由於我比別人早入學的關係，怎樣留班都沒有羞恥之心。我在整個中學年代都活得無知輕狂，沒有一個認識的人像我這般的，五年中學課程轉了四間學校，共花了七年時間才畢業。

我從初中開始便寫畫投稿和參加繪畫比賽，希望將來能進入到漫畫世界。那時候的報紙還有漫畫地盤，我的作品也不時被刊登，可惜大部份都沒有好好保存。此外，我也曾獲得很多公開獎項，印象最深的，是去TVB參加《歡樂今宵》的《新科狀元榜》繪畫比賽，現場直播下得到第二名，由盧大衛頒獎給盧大衛。

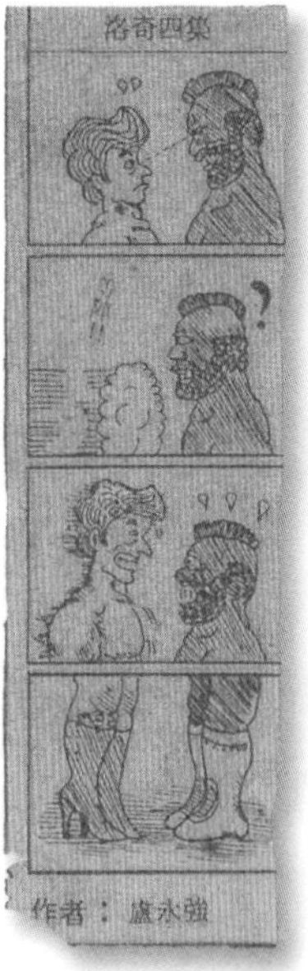

每天不停地畫，我在孤獨的世界中漸漸認識自己，我喜歡美術、喜歡創作，漸漸覺得漫畫未能滿足心裡那份不明的納悶，我對創作好奇，很想追求漫畫以外的世界。

一九八六年夏天，考畢會考，當大家都在想如何消

磨這個鬱悶暑假的時候，我竟意外地獲得一份在國泰航空公司平面設計部的工作（Summer Intern）。

甚麼是設計？

當時只是一知半解，而我的皮毛設計知識，都是來自兩本書：畢子融、黃炎鈐、鄭偉宗編著的《草圖與正稿》和王無邪的 *The Principles of Two-Dimensional Design-77*。真實的設計世界是怎樣的？心裡十分期待。

辦公室在中環的太古大廈（Swire House），即是今日的遮打大廈。大廈裡是典型的英式格調，穿梭國泰樓層的茶水工，一律穿著整齊的白色唐裝制服，畫面就像電影場景。我的上司，是設計部的 Chief Designer Simon Siu（蕭金山），他是我認識的第一位專業設計師。

我是暑期工，每天在公司裡只是做一些雜務和學習使用基本的設計工具，例如針筆和鴨嘴筆等。設計師都

很忙，我坐在旁邊，看著他們用純熟的技巧和靈巧的創意，設計出一系列的海報、小冊子和包裝等。在一個中學生眼中，實在是一件很奇幻的事情。

我好像找到了一個模糊的目標。

那年是一個熱血的夏天，有《英雄本色》的夏天，是一個決定將來職業的夏天。

我是一個設計師。

這些年都是建構在「設計」這二字上。因為工作的關係，曾經和很多不同的行業和產品品牌合作，包括銀行、地產、酒店、電訊、汽車、航空、出版、時裝、音樂、紅酒、醬油，甚至是電池等，當中還有數不清的跟創作相關的人和事。設計師的生活，可能真的比普通人豐富一點。

我的設計是動詞，這些年我在它的光譜裡，扮演過很多不同的角色，如設計師、廣告人、美術指導、業務總監、品牌顧問、老師、編輯，甚至傳媒管理等，每個階段也趣味盎然、豐盛精彩。

朋友說設計是人生馬拉松，一直往前跑到終結。我卻認為設計是一個沒有固定賽道、無邊無界的修煉場。

人生需要記憶，
設計需要記錄。

設計生活雖然精彩，我的成長路上還是帶著粗糙拙笨的痕跡。五十而知天命，活到一個年紀，想整理一下人生和作一個工作回顧。

本書所輯錄的，是我從一九九〇至二〇二三年間的設計記錄。在這些年間，社會改變、人物改變，經過一層又一層的歷練，我在思想、美學，甚至創作風格上也有很大的轉變，看事情也有深一層的角度。

年輕時，愛說青春無悔；

年紀大了，希望活得精彩。

設計師的作品，除了是他們的創作記錄，也是他們的成長印記。看著那些曾經熟悉的圖像和文字，感覺是淡淡的、隱隱的，凝住了生命中那時那刻的美麗與哀愁。

You don't think your way to creative work. You work your way to creative thinking.

— George Nelson

這句說話應該總結了我的設計路。

八十年代香港，大部份媒體的文字排列，都是垂直字序，從右至左，只有少數設計師為了遷就中英雙語而排左至右；有趣的是，一些設計師喜歡隨性排列，如下圖的啟德遊樂場的廣告。

子廠
女裝配員
二樓G.H座 3-890213

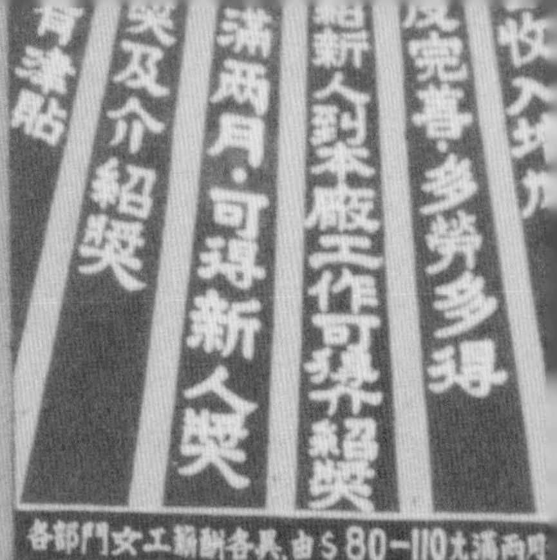
獎及介紹獎
滿兩月·可得新人獎
紹新人到本廠工作可得介紹獎
成完善·多勞多得
各部門女工薪酬各異，由$80-110元滿兩月
凡閱廣告者有意加入本公司不用通
可即到：官塘鴻圖道50號3/F人事部

中興
擴展
電子廠
大量招請電子女裝配員
冷氣廠房
音響設備
康樂活動
歡迎
生手加入
熟手面議
官塘開源道46號3字
金源電子
有限公司
收音機廠高薪招請
生熟手男女裝配員
QC聽機女員工
AM/FM電子鐘收音機修理員
五天工作，七天工資
另有每日工作津貼
福利多
全廠冷氣
3-440129

高薪大量
官塘成業街16號怡生
新廠
工資特高
五天工作
六天工資
冷氣廠房
福利齊全

港美電腦
有限公司
男女早中班
零件裝配員
耐心的訓練
友善的指導
官塘道420號森那美工業中心後座5-11
電話:3-430231-5

倒序 一

一九八六年的聖誕，在香港聯校氣象及地理學會 Joint School Meteorological and Geographical Society（JSMGS）的籌款活動中，我創作了一幅一萬三千平方呎的巨型海報，地點在旺角的拔萃男書院。

我們的想法是，把海報分成十二個區域、總面積大約兩個足球場。在沒有電腦的年代，為了要有效地把草地分成十二個區域，我使用了仿電腦的土法設計，花了半天把海報分成一張八千格的畫，也代表這次活動需要八千張畫紙。

與此同時，各聯校代表回到自己所屬的學校籌款，每張畫紙港幣三元，所有捐款的同學都可以參與製作。當時的我對大型活動全無經驗，一切都是摸著石頭過河，很刺激、很實驗性。

如何購買如此大量的畫紙？最後去了上海街附近的一間紙行選購，我說要八千張不同顏色的畫紙，起初老闆還以為我在搞笑。在寒風凜凜的冬天，如何固定八千張畫紙？「用鐵釘固定四個角不就好嗎？」於是跑去五金舖買了差不多三萬口釘。

這樣一件「大事」，我們也聯絡過一些媒體來報導，但是當時找得動的，只有報導校園新聞、南華早報的 *Young Post Club*，這份報紙也成為這項活動的唯一記錄。如果沒有那百多位同學的協助，我們是不可能把圖畫順利完成。唯一的意料之外，是活動結束後，我們花了一個星期才把草地裡那幾萬顆鐵釘清除！

人家在出類拔萃，我卻在拔萃拔釘。

雖然帆船主題老套，「設計」更是十分稚嫩，但是我心裡是很喜歡那種天馬行空和 over sized 的視覺震撼；設計世界對我而言很抽象，但是我很喜歡那一份滿足感。

YOUNG POST CLUB

- Education pages
- Schools focus
- Science Today
- Columns
- Fashion
- Competitions
- Pop music
- Win prizes

SUNDAY MORNING POST, DECEMBER 28, 1986

□ Representatives of the member schools pose for a picture. Right: An aerial view of the giant-sized work of art.

Achieving new form

By LINDA LUI

YOUNG "carpenters" from 19 secondary schools created a giant-sized picture, the biggest designed in Hongkong.

More than 300 high school students got together at the Diocesan Boys' School last Sunday and spent almost four hours nailing down 6,000 *sheets of coloured paper* in the school's grassy grounds. The sheets formed a 2,878 sq m picture of Victoria Harbour, outlining the characteristics of Hongkong, with a traditional Chinese fishing junk and hundreds of tall buildings in the background.

The idea was conceived by Mr David Lo who did a draft of the picture before the students got down to work on it.

The participants, all members of the Joint School Meteorological and Geographical Society, created the picture to raise funds for the society's activities.

The member schools include Diocesan Boys' School; Diocesan Girls' School; Heep Yunn School; St Clare's Girls' School; St Stephen's College, Stanley; St Paul's Secondary School; Ming Yin College; Christian Alliance College; Holy Trinity College; Kiangsu-Chekiang College; Holy Family Canossian College; Kwun Tong Government Secondary School; Rosary Hill School; Mu Kuang English School; Gertrude Simon Lutheran College; Hoi Ping Chamber of Commerce Secondary School; Buddhist Tai Hung College; Ng Wah College, and Bishop Hall Jubilee School.

The sponsors paid a minium of $3 for each sheet of coloured paper, bringing the total raised so far to about $7,000.

The picture is a record-breaker in the history of drawings in Hongkong, according to project director Mr Eric Lee.

In October, members of the society carried out a research project on the sizes of pictures created in Hongkong and discovered the largest one by far was 2,805 sq metres.

Before the start of the project, an opening ceremony was led by Mr and Mrs Jacland Lai, principals of DBS and Heep Yunn School respectively. The Director of The Hongkong Royal Observatory Mr Patrick Sham, a patron of the society, also donated towards the project.

The funds will be spent on a number of activities next year, including field trips, seminars, an inter-school geography quiz and camps.

The fund-raising committee would like to extend a special thank-you to members of St Paul's Secondary School and St Clare's Girls' School who devoted a lot of time to preparing for the project.

With a history spanning almost 10 years, the society has been very active in promoting meteorology and geography among high school students in the territory.

□ An initial draft of the picture designed by David Lo.

□ Students nail down sheets of paper to create a life-size picture of Hongkong.

Picking winners fo the 1988 Olympics

□ The Olympic Stadium in Seoul.

By TERESA LI

YOUNG Asians interested in winning a trip to Seoul for the Olympic Games in 1988 can try their luck by entering an essay competition.

Organised by Hankook Ilbo, a leading newspaper group in Korea, the aim of the essay contest is to provoke young people into penning their views on the past, present and future of Asia.

According to the group, the idea for the contest resulted from the success of the Asian Games in Seoul in September.

"The 10th Asian Games, held in Seoul under the slogan of 'Ever Onward', closed with a clear demonstration of the limitless potential Asians can expect in the future," the group wrote.

With the theme "The Significance and Role of the Asian Games for Asians in the 21st Century", the contest is open to youngsters in Asian countries.

Essays can be written in one's native language but must be accompanied by translations in Korean or English.

The length of the essay, if written in English, shoul exceed 10 pages of A5 p *with double-spacing.*

If written in Korea should not be less tha pages or 200-letter m script-size sheets of Chi paper.

The judging panel wil clude local and foreign pr sors and journalists.

Overseas winners, of w there are expected to be will be invited to the Seoul Olympics with al penses and accommoda paid for.

The prize-winning es will be carried in *The K Times* and the *Hankook*

All manuscripts shoul sent to The Office of E Contest, The Hankook Korea Times, 14 Chung dong, Chongno-ku, Seoul, Korea, no later than Mar next year.

All applicants should enclose a recent colour ph graph of themselves toge with a brief resume, con number and address.

The winners will be nounced on June 9 next

□ Flashback to the Asian Games in Korea.

倒序二

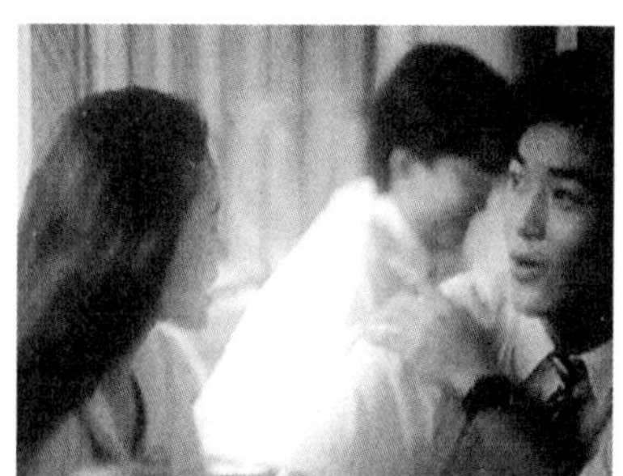

一九八七年的暑假，會考結束，炎炎夏日百無聊賴。

一天，同學P說，「有無興趣拍廣告？」電視廣告看得多，對它的製作也十分好奇。

廣告是《陽光檸檬茶》，故事是典型的八十年代，單純女生暗戀英俊男同學，失眠心煩，失戀失而復得飲檸檬茶，女主角是一位眼大大、頭圓圓，有baby fat的短髮少女；而綠葉的陣容也鼎盛，有未來香港小姐林穎嫻和樊亦敏，年輕的林穎嫻很像當時流行的日系美少女，而我在之前已經認識樊亦敏，所以這個廣告更加好玩。

我們不是主角，只是飾演廣告裡的路人甲乙丙丁，即是特約演員，俗稱「臨記」。男主角是430穿梭機的鄭伊健，他比我們高大靚仔，沒話好說。

我們有兩日通告，實則拍攝時間不足一小時，大部份時間都是坐在旁邊，輕輕鬆鬆觀看拍攝和品評其他美女。在我那幼稚的觀察分析，整個廣告製作中最投入的不是演員，而是那位不苟言笑、超認真的導演，可惜他那一聲「Cut！」沒有我想像中般誇張，很失望。

還有一位貌似任達華，穿得很美術指導的美術指導，他對每一個鏡頭也很緊張，給人感覺十分專業，但大部份人好像不大理會他說甚麼。

廣告有兩個拍攝場地，除了聖士提反書院外，還有西貢的三育中學。在三育拍攝時有個小插曲，在進行最後一場飲茶戲時，突然有一輛本田Jazz停在學校門口，司機把車窗拉下，對著我們大叫：「加油呀！」然後，汽車就揚長而去。我定下神來，才意識到司機是Mark哥周潤發！這個畫面，成為青春期其中一個最重要的印記。

很多年後，我和同學P說起當年拍廣告的趣事，

「點解你搵成班同學拍廣告，你自己又唔一齊玩？」我問。

「其實，鄭伊健個角色本來係我，不過我唔想拍。」他笑瞇瞇的說。

這包檸檬茶很有啟發性，兩天行行企企做臨記，竟然有酬金四百大元！廣告很容易賺錢。線性推斷，做一個指指點點的美術指導應該是一份不錯的工作吧？

那是單純而快樂的年代，看見廣告裡朦朦朧朧的我，心中有團火。

Amy 一出道就脫，
不過是脫頭髮，
一把一把地脫，
脫到觸目驚心；
我從來沒有看過她哭過。
她喜歡演戲，
不斷的嘗試，
不斷的努力，
跌跌碰碰那麼多年，
原來她最受歡迎的角色，
就是演回自己的真性情，
真是人生如戲。

十多年後再和「陽光」碰上，
為它們幾款不同口味的荳奶作包裝設計。
我最喜歡咖啡味，可惜已經停產。

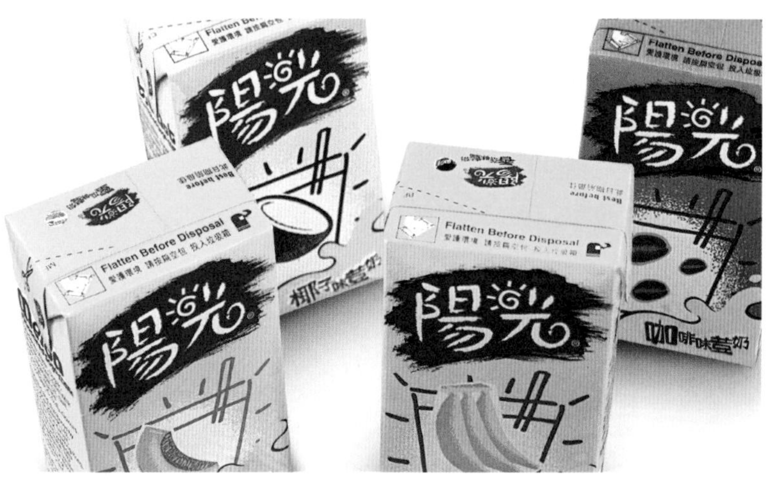
陽光
Flatten Before Disposal
愛護環境 請按扁空包 投入垃圾箱
Best before
椰子味荳奶
陽光
Flatten Before Disposal
愛護環境 請按扁空包 投入垃圾箱
陽光
Flatten Before Disposal
陽光
咖啡味荳奶

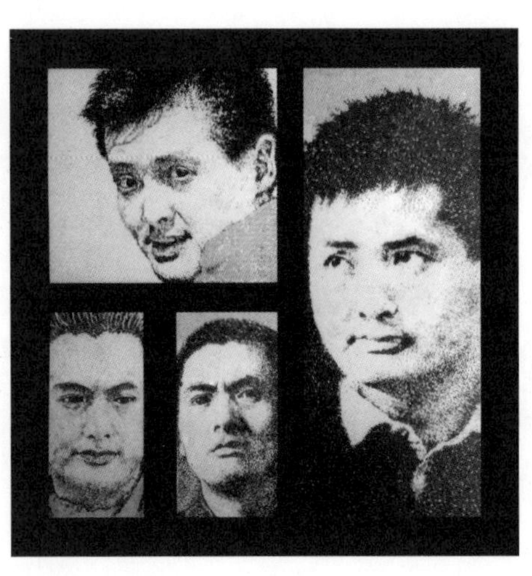

。請於指定
、及各類適

告彩、粉彩
鉛筆、間尺
等、（可隨
器材）。

在整個中學年代，我都被定性為是喜歡畫畫的盧永強。
會考美術拿了A，以為自己很了不起，入讀沙田工業學院時，
才發現三分之二的同學都是美術拿 A 的。

沙田工業學院　設計系入學試

逕啟者：

台端申請之課程、現將舉行入學試
日期、時間、地點、帶備身份證、本通知書
用的繪畫器材參加考試。

繪畫器材：鉛筆、畫筆、水彩、廣
麥克筆(箱頭筆)、顏色
(公制)、三角尺、圓規
意帶任何一或多類著色

itute.
llowing

of

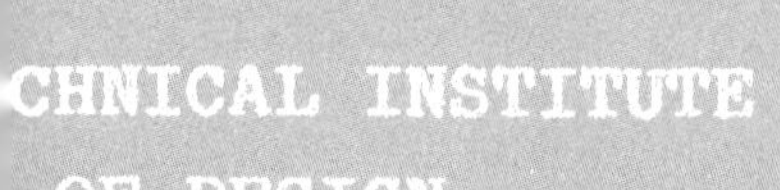

CHNICAL INSTITUTE

OF DESIGN

MINATION

ested to attend an Aptitude Test at Sha Tin Techni
ring with you the Computer Card, Identity Card, an

ruments : Pencils/Drawing pens/Brushes (any one
the above)
struments: Water-colour/Poster-colour/Pastels/Mar
Colour pencils (any one or more of th
struments: Ruler (Metric)/Set Squares/Compass

Yours faithfully,

(A. KWOK) (Miss)
Head
Department of Design

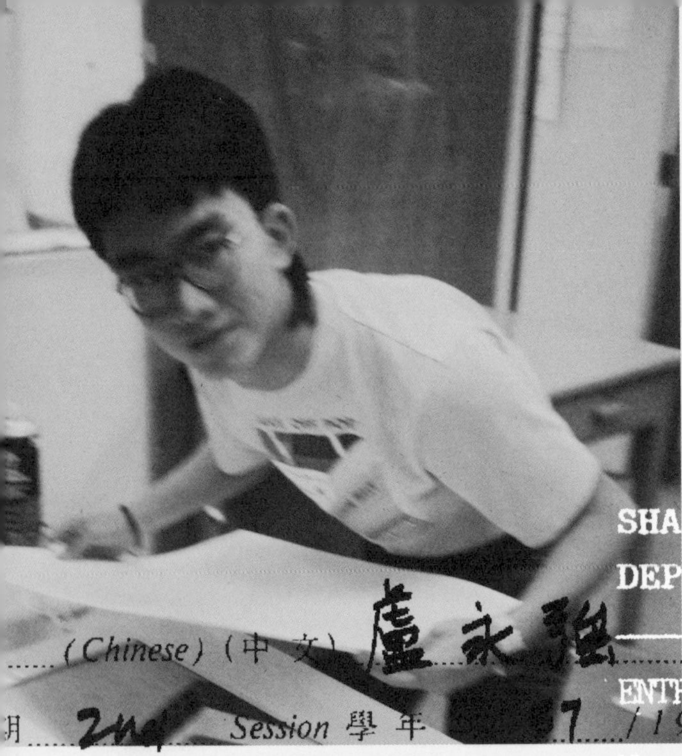

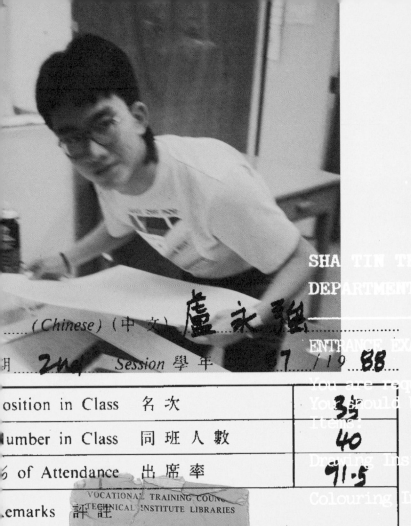

(Chinese) (中文) 盧永強

月 2nd Session 學年 ...7 / 19 88

osition in Class 名次	35
umber in Class 同班人數	40
6 of Attendance 出席率	91.5

emarks 評註

Lacks attention in class

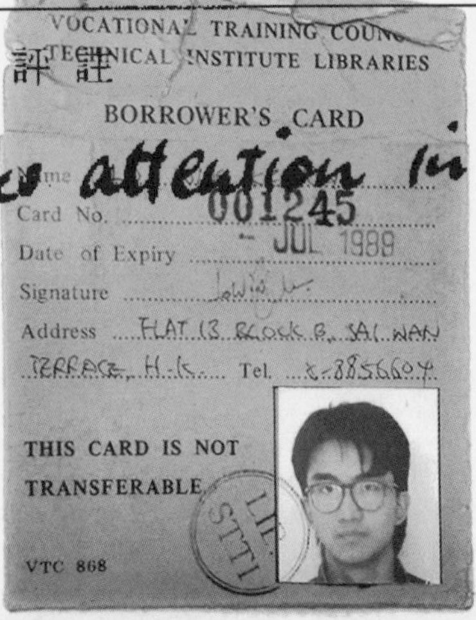

SHA TIN TECHNI

DEPARTMENT OF

ENTRANCE EXAMINA

You are requeste

You should bring

Items:

Drawing Instrume

Colouring Instru

Measuring Instru

VOCATIONAL TRAINING COUNC

TECHNICAL INSTITUTE LIBRARIES

BORROWER'S CARD

Name

Card No. 001245

Date of Expiry - JUL 1989

Signature

Address FLAT 13 BLOCK B, SAI WAN TERRACE, H.K. Tel. 5-8856604

THIS CARD IS NOT TRANSFERABLE

VTC 868

地家裡坐 寂寞漸漸驅使我
的街裡蕩 幻象儘是過路人
今天 找不到夢想
眼前 彷彿正在看昨天
街燈光影照下獨自站着就是我
漆黑中它作伴 現實是在玩弄我
又拋棄我

Take chances when you are young

So that you can tell stories when you are old

—

第一章

設計是孤獨的

CHAPTER ONE

DAVID LO
Designer

GRAFFIX

Bates Graffix Limited

1901 Tai Sang Commercial Building

24-34 Hennessy Road, Hong Kong

Facsimile (852)-5-8611216

Telephone 8041005

從失敗開始

中五畢業後，考進沙田工業學院修讀「1109 平面設計和插圖」文憑，當時還有一科「1108 廣告及包裝設計」可供選擇，究竟平面設計和廣告設計有甚麼分別，大家也不清不楚。

1109 的學生有四十人，第一年是基礎課程，到了第二年，一半人讀平面設計，另一半讀插圖，我是前者，實際學習本科的時間只有一年；大家胡裡胡塗拿到設計文憑，感覺還未開始便已經結束。1109 為我們打開了一道走進社會的大門，摸到了設計的門檻，但是對真實的設計世界還是概念模糊。

畢業年是一九八九年，二十歲，心裡還有那份莫名的躁動。那時候的香港剛經歷社運事件，人心惶惶，我在這個時候踏進社會，面對不可知的領域，既有挑戰，也有很多疑惑。

我想做甚麼工作？

我將會做一個怎樣的設計師？

人生第一次想到未來。

社會雖然動盪，整體經濟尚算穩定，當時全港的設計畢業生才不過幾百人，基本上是不愁出路，我們 1109 的同學都在很短時間內找到工作。

每個同學都有不同的想法，有些想安穩安分，政府或電視台都是好的選擇；也有些同學覺得甚麼公司都沒所謂，快快樂樂做設計便可；也有些如我，思想天真又貪慕虛榮，就是想進 4As 或大型設計公司挑戰自己。

同一年間，在國泰做暑期工時的上司 Simon Siu 加入了 4As 達比思廣告（BSB），並開設了一間附屬設計公司 Bates Graffix（BGX）。我非常幸運，經過簡單面試便入了行，這是我走進設計世界的第一站。

BGX 是當時全港唯一一間附屬 4As、但是獨立運營的設計公司，它主要提供企業形象和一些平面設計工作。客戶來自兩部份：一，由 BSB 分拆出

Sha Tin TI - Grad-stat by levels and disciplines over the past five years.

Year	Award	Course *	Mode	# of Grad	Sub-T	Total
1990	Dip in Design	Fashion	FT	31		
	Dip in Design	Furniture/Spatial	FT	34		
	Dip in Design	Packaging/Advertising	FT	34		
	Dip in Design	Graphics/Illustration	FT	31	130	
	Cert	Applied Photography	PTDR	20		
	Cert	Fashion Design	PTDR	20		
	Cert	Fashion & Fabric	PTE	18		
	Cert	Packaging/Advertising	PTE	19	77	207

一九九〇年全港大約有一千一百名設計畢業生，沙田工業學院設計系佔了二百零七人，我修讀的 1109 Graphics/ Illustration 有三十一人。那些年讀設計不是易事，記憶中 1109 要經過面試、筆試，過五關斬六將才能考取入讀（理工門檻更高）。我的入學年份是一九八七年，會考人數是 153,185 人，1109 Graphics 畢業的同學有十八人，二十八年後還在江湖拼搏的有十三人，能夠堅持到今日，真的要為大家鼓掌。

來的設計項目（Internal Client）；二，外面獨立接洽的項目（External Client）。

Simon是BGX的創作總監（Creative Director），負責公司的創作和營運，上面還有一個由廣告公司派來、被我們稱為「青」先生的總經理Mr. Jerry Green。設計部有四位同事，當中有三位美術總監（Art Director），Joe哥和Dom哥早在做暑期工時已經認識，還有性格和善的黃哥。最後，就是「食物鏈」最低層、服務各位大佬的初級設計師——我。

雖然在合約上寫的職位是Junior Designer（初級設計師），但是名片上卻印上Designer（設計師），當時隱隱覺得自己是一個大人。

辦公室在灣仔蘭杜街的大生大廈十九樓，面積大約八百多平方呎，除了Simon和青先生坐房外，其餘的人都是坐在開放式設計的空間，同事間沒有阻隔。

設計部每個人的檯面都有一張大大的cutting matt、美工刀、rubber cement和一堆yoken marker。

BGX是香港最早實行電腦化的設計公司，我們擁有幾台最新型的Macintosh II和SE/30，然而當時的軟硬件還未成熟，電腦只是提供一些基本的構圖和線條輔助，設計和正稿還是需要人手製作。

記憶中Mac II只是用來做英文排版和基本繪圖，軟件是元祖Aldus Freehand和Adobe illustrator 88。
初代繪圖軟件分開兩大陣營 - Adobe Illustrator和Aldus Freehand，而我從入行開始就已經是Adobe的死忠擁躉；其時香港的Freehand用家比較多，所以時常為用哪一種軟件和同事和供應商爭拗，兩大巨頭鬥爭多年，最後Adobe一統江湖，Freehand於2007年中在地球消失。

我是新人，開始時的工作，除了整理正稿和一些簡單的設計外，還要買下午茶、漫畫和到處當跑腿。**BGX** 的工作時間頗長，朝九晚七是正常，一個星期總有幾天加班，甚至要開夜班，不過很快便習慣了。

混了一個多月後，終於獲派第一份正式的工作——為永備電池（Eveready）設計商品目錄。大佬們很開放（或隨便），基本上 **briefing** 是自由發揮，唯一的要求是「砌型佢，唔該。」

「型」是一個很抽象的概念，彷彿可以解釋整個設計宇宙。

由於沒有規範，不如做一個我認為好「型」的 **Key Visual**（KV）吧。電池一字排開對著夕陽，就像日本特攝片的超人兄弟場景一樣，既有氣勢，又可以展示所有產品。忘記大佬如何在提案中說服客戶，總之就這樣選定設計。

KV 裡的懸崖是全手造的模型，夕陽背景是在 **image bank** 租借的幻燈片，在沒有 **photoshop** 的年代，照片都是一鏡完成，攝影師 **Raymond Ng** 功力十足。第一次跟 **shoot** 就這樣完成；拍攝時，不時想起陽光檸檬茶廣告那位美術指導，我終於可以指指點點了。

看來一切順利，沒想到最後是一個深刻的教訓。

在目錄印刷前，印刷廠先要拼版，然後交給設計師看藍紙（Blue Print），確定頁數順序和版面都沒問題才會正式開印。初出茅廬，粗心大意，看完藍紙後，卻忘記拼版順序，也沒有給 Dom 哥審批這個重要步驟便直接付印。

印好了，封面一排電池氣勢如虹，有點飄飄然，誰知打開內文，左右頁竟然拼錯，所有電池順序也錯了，三萬份印刷品就這樣付諸流水。

初試啼聲便闖出大禍，大佬們並沒有責罵我，只是取笑了一句：「下次醒少少，做好啲！」

幸好還有下次！

心裡還是內疚不已。這件事刻骨銘心，自此也不斷提醒自己，不可看輕後期製作，通常最容易犯錯的都是最簡單的最後一步。

「一個人若想要享受成功，就得先學會如何去接受失敗。」

在古龍的小說中永遠看到道理。

EVEREADY / ENERGIZER
BATTERIES CATALOGUE

EVEREADY
EVEREADY
Rechargeable
Nickel-Cadmium
Battery
EVEREADY
EVEREADY
EVEREADY
HEAVY DUTY
ENERGIZER
ENERGIZER

Jewelry Co. Ltd, worth: HK$100,000. ▲3RD Four non-stop SIA Megatop 747 Hong Kong - San Francisco, economy class round-trip air-
by Singapore Airlines, worth a total of: HK$50,000. ▲4TH One Travel Voucher. Donated by Morning Star, worth: HK$40,000. ▲SPE
: "L'amour" Collection by Jolliet J'aillon: An 18k gold Tie-Pin with diamonds of approx. 1 carat and an 18K gold Pendant/Brooch with dia
ox. 5.5 carat. A year's supply of Golden Elephant Thai Rice (300 kg). Donated by Golden Resources Development Ltd, worth: HK$100,
R MAJOR PRIZES INCLUDE: ▲ Chung Bang Golden Deer's Horn. ▲ Two Tables at The Bodhi Community Chest Vegetarian Banqu
i-System CD/CDV/LD Television and 21" CD/CDV/LD Television with Karaoke System, both from Chekiang First Bank. ▲ Hsudia Emeral
rooch. ▲A pair of Movado Ladies and Gentlemen's Watches, from Swissam.▲ Nanyang Credit Card Lucky Credit. ▲ Sunflower Travel Europ
wa Gift Voucher. ▲ Shui Hing Gift Voucher. ▲ The above prizes and gift vouchers are non-refundable.

輕鐵消費樂
LRT BARGAIN BOOK
一月
JANUARY
1990

右上／ 公益金獎券海報 右下／ 輕鐵消費券小冊子
那段時間的小型項目都是由我負責，很多插圖也是自己親手包辦。
我喜歡把自己的漫畫造型放進作品中，很無聊。

左／ 九廣鐵路「大家守禮保平安」活動，背後的企鵝由香港插畫大師馬富強主理。

設計師・廣告人

八十年代的工業學院設計文憑，兩年學制，首年學習基本設計知識，第二年學習本科設計技術，畢業後，文憑寫的是「二年全日制技術員程度」。

BGX的客戶範圍十分廣泛，比較深刻的項目包括九廣鐵路品牌重塑（Re-branding）、Shell（蜆殼公司）的宣傳推廣、文華酒店的宣傳刊物設計，還有當時台北最時尚、最高級的西華飯店（The Sherwood Taipei）的品牌系統設計（Brand Identity Design）。

西華飯店是我第一個參與的大型項目，在學校裡花盡心思做了一套信封、信紙，便以為這就是企業識別（Corporate Identity, CI）。真實世界裡的

CI規劃和應用，原來是極為精細和嚴謹的。兩年的工業學院設計訓練，其實只是學到皮毛，難怪我們的畢業證書寫的是技術員程度。

我跟著大佬們從零開始構思策略、設計概念、風格和系統應用等，彷彿一切重新開始。西華的logo經過無數的討論和修改，最後Joe哥用鴨咀筆勾劃出來，那種精準，根本是一門藝術。

然而最令人意外的，是看著大大佬Simon為提案作presentation時作出的準備，平日嘻嘻哈哈、大開大合的他，在綵排或分析設計概念時，比誰都更要認真。

幾個月後，工作逐漸上手，那時候若能在下午六點準時放工，我也會賴在公司或者去總公司BSB流連。二十四小時無休運作的廣告公司，並不如《小男人週記》描述得那麼戲劇性，那裡沒有梁歡和大古惑，但是同事大部份都是性格巨星。

在那裡，會見識很多真實的廣告日常，譬如Creative和AS（客戶服務）吵架、AS怎樣技巧地和客戶吵架、Copywriter（撰稿員）的講故能力、Visualizer（視覺繪圖師）如何憑空畫出一條廣告片的分鏡，還有研究我覺得最無用的Typographer（字體設計師）其實是做甚麼的……。

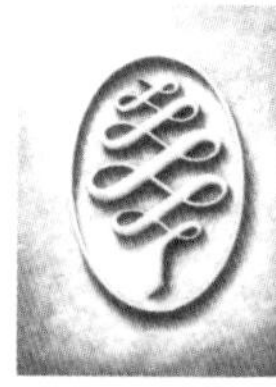

台北西華飯店的第一張聖誕咭是由我這個初哥負責，其實只是將它的logo覆蓋著雪而已，沒有甚麼設計可言，馬富強的插圖才是重點。

大家對這個剛畢業的新人沒甚麼戒心，我也不客氣的不恥下問，待到晚上八九點離開是經常事，很快我便對廣告公司的運作有了初步概念，也搞清楚工業學院「1108廣告和包裝設計」和「1109平面和插圖設計」的分別，其實是沒有多大分別。

為甚麼讀設計要這樣細分？感覺十分無謂。

那時候要接觸外國的設計資訊，主要是從一些參考書和雜誌這兩個途徑，而設計師最愛逛的書店，一定是灣仔的競誠書店，除了書種豐富之外，它還售賣各式美術用品，像工作必備的pantone色標等。

競誠書店還特設上門銷售人員，定期把最新出版的書籍帶到各大小廣告或設計公司供人選購。我當上設計師後買的第一本參考書——由五十嵐威暢主編的*BUSINESSCARDS*，就是從競誠書店羅生的手提行李箱中購得，幾十年來，我一直把它供奉在書架上。

當時對我衝擊力最深的設計師，是英國的Neville Brody和來自丹麥的Rudy VanderLans所設計的*EMIGRE*雜誌。他們解構設計及探討設計的實驗性和可塑性，跟香港所學所做的強調實效性和功能性的設計，完全是南轅北轍的設計理念。一些藝術史書中深澀難懂、陌生的名詞，如dada、 futurism、deconstructionism 等，可以輕易在他們的作品中化為風格。

設計與藝術，其實有著不可分割的共通性，設計師除了創意外，也必須有充足的涵養。知識和能力，在設計中同樣重要。

後來聽到那些經常說讀書無所謂，天分最重要的有名設計師，可能他們學歷真的沒有很高，但是我相信他們從來都沒有停止吸收知識，只是不跟你說而已，別忘記吹噓也是一種天分。

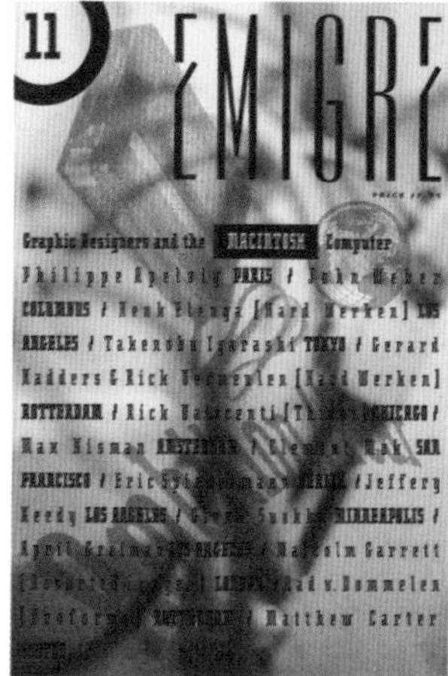

上／ 從傳統到數碼，Mr Brody 在字體設計上一直推動改革，他更不時邀請其他設計師通過實驗性字體來探討社會問題，從而鼓勵和激勵他們突破印刷定義的界限。二〇二〇年的設計營商周，我和 Mr Brody 還認真討論 Print is Dead 這個話題。

下／ Joe 哥是一個很厲害的 Art Director，*EMIGRE* 是他介紹給我看的，劉美君第一張唱片封套就是他設計的。

一些設計事宜

《平面設計手冊——THE GRAPHICAT》（原載於香港設計師協會facebook網站）

影響我的設計師有很多，而影響我的設計書只有幾本，其中一本《平面設計手冊——THE GRAPHICAT》——簡稱「貓書」，是一本陪伴了我近三十年的書。在我唸設計時，還是手作年代，那時候崇尚技術，設計師所作的一點一線都是功夫。

這本貓書，是工業學院指定的參考書，也是那個年代的功夫字典。

《平面設計手冊——THE GRAPHICAT》，一本相信是上世紀最多香港設計師和學生採用，以及有最多翻版的設計工具書。這書由鍾錦榮先生編著，封面字體及彩色設計是出自陳幼堅先生。因以貓為封面，暱稱「貓書」。

年初時，在一次聚會認識鍾先生，於是相約在香港設計師協會作一個訪問。三小時天南地北，不僅上了一課近代香港設計演變史，還學會了高階色彩應用。不過這是後話了。

盧永強—鍾錦榮

盧—我對貓書很有感情，除了它一路伴我成長之外，更覺得它有一個時代意義。很難想像八十年代初會有一本這樣高水平的設計參考書。以當時的消費水平來說，貓書的售價一點也不便宜；再者，這本書的內容之豐富，可說是跨界別的。你在籌備出版時，所持的理念是甚麼呢？

鍾—我在一九七二年起開始做平面製作（Graphic Production），當中很多都是攝影和黑房技術；到了一九七九年，我和幾個朋友創立 **AD Production**，那時候我們為不少廣告或平面設計公司製作效果，由於市場競爭激烈，我們便主動製作一些效果式樣給客戶參考，最初是免費派發，後來內容增加了，再慢慢由一本小冊子變成一本書，這是貓書的雛型。

這本書是我的個人投資，卻在不經意間成就了一個小小夢想。記得在一九七五年還在 Commercial Print 工作時，老闆 **Lawrence**（*IdN* 的出版人）給了我一份關於分色的資料，既開心又失落，因為當時的英文不好，內容實在看不懂。於是去書局找中文書對照，找了很久只有一本台灣書可作參考。那一刻我便立下決心，終有一天我會出版一本本地的設計工具書。

那時候靳叔、小康、**Alan**、**Steiner**、**Jennings** 都是我的客戶，他們想做甚麼效果，我便會去他們的辦公室裡一起研究，那是很拼搏的年代。除了平面之外，我也為攝影界服務，所以貓書的內容和定位，一開始便是跨層面、跨界別。

由一本效果式樣到一本書，並不是就這樣搬字過紙，大部份的內容也重新整理，也邀請了不同的設計師參與，設計有靳叔和蔡啟仁，攝影有 **Raymond Wong** 等等。文稿的來源很多樣化，如是者成就了本書。

盧—所以貓書的名字GRAPHICAT的CAT是catalogue的意思嗎？

鍾—就是這個意思。第一版時更附送今天的古物如中文級數表和一些設計換算工具。手稿年代就是追求技術，每一項工作都是真功夫。

我個人用第一部Mac機是一九八七年，各行業、特別是平面設計，從八十年代末到整個九十年代都是一個調整和適應期，由電腦排版到直接製作分色，行業和貓書也同時進步，再版時內容不斷更新，一直賣到二〇〇三年，我把最後一版賣給廣州的嶺南美術出版社，是為內地版。

盧—今天回看這本書有甚麼想法？

鍾—坦白說，雖然貓書的誕生有點無心插柳，可是我很滿足它成為幾代設計師的好幫手，還有是他們的集體回憶。

貓書小資料

1 它的總印數達一萬本，由一九八二年初版到二〇〇三年最後一版，熱賣了二十年。
2 第一版有極珍貴的靳叔新思域、陳先生的DIMENSIONS和William Ho（何中強）的公司廣告。
3 貓書第一版投資三十萬元，印數一千冊，基本是平手收場。
4 香港的貓書有三個版本。
5 台灣翻版的封面是白色，還賣得很貴。

貓書應該是我讀沙田工業學院時唯一一本學校推薦的本地參考書，某朋友為省錢，拿了去影印副本，可是他忘記內文有四分一是顏色圖表，最後還是買了一本。

孤獨的設計師

大生大廈是中央冷氣，晚上七點後BGX便熱得像火爐一樣，每當加班時，我們經常光著上身工作，剛陽味十足，只有一個人從來都不脫衣服，那個就是Dom哥。

Dom哥是三個大佬中才華最高、但是最低調的一位，一臉Poker Face，總是喜歡默默地工作。有時候和他聊天，他總是會語重心長地說：「做設計是很孤獨的。」

「好設計就是要簡單，好設計需要冷靜的思考空間，所以好的設計師通常都是習慣孤單和享受寂寞。你越有經驗，越往上爬，就會越少朋友，好的設計師多數都是孤獨精。」

「設計師是否一定要往上爬？怎樣爬？」我問完覺得自己有點蠢。

「所有行業都要往上爬，人望高處，這是社會法則。設計師往上爬的意思是做好設計，設計師的世界比較主觀和單純，做好設計，有人欣賞，你便有機會做更多有預算和質量較好的項目。設計需要天分、毅力和時間，沒有懷才不遇。」

「我覺得只有孤獨的設計師，才能做出好東西。我說的孤獨，是內心的孤獨；很多設計師，哪怕外表花枝招展，性格高調，我相信他們的內心仍然保持孤獨，夜闌人靜，獨自一人做到凌晨五點，是你不知道而已。」Dom 哥繼續說。

當時雖然未能完全明白 Dom 哥的孤獨理論，但我也默默記下他的說話，然而甚麼往上爬，出人頭地，對一個新人來說，是頗遙遠的事情。但是有一點可以肯定的，就是在半夜工作時，思考比較集中和分析會相對透徹。

設計是過程，

孤獨是沉澱。

這是設計師比較深層的內心世界。

Dom 哥也設計過很多唱片封套，包括盧冠庭的《1989》。

冥冥之中

一九九〇年的農曆新年，我二十一歲，放假百無聊賴，和當時的女朋友去逛黃大仙，順便求籤。我求了兩支，一支求事業、一支求姻緣。

解籤佬說：「先生，你的事業會在遠方開始，很快便有遠行，最快五月就要走了，要好幾年後才會回來。」「姻緣呢，恭喜、恭喜，你明年有可能結婚。不過，你人生中有三次結婚的機會，一次是二十二歲，然後是三十四歲，再之後就不知道是甚麼時候了。」

「不是吧，師父，你剛剛才說我今年年中要遠行，不知道多久才回來，然後下一句就是我明年會結婚？」我覺得解籤佬可能濫藥。

「是啊，你明年會結婚，對方是從小就認識的人。」解籤佬說得十分淡定。

小時候覺得黃大仙是一個很偉大的神仙。而黃大仙有天主教小學、基督教小學、佛教小學，以及孔教中學，差不多所有宗教都要附在黃大仙，真的很厲害。

在那裡長大的居民，相信一定去過黃大仙求籤，求籤是一個很好玩的過程，因為考你力度、角度和心思，記得有個記性很好的街坊小友，他記得所有上上籤的號碼，每次求籤時都花很長、很長時間在搖，務必要求到上上籤才作罷，當然這是作弊，但是他的耐性令人拜服。

看看身旁的女朋友，腦袋不停盤算，沒錯，我們十幾歲時就認識，雖然經常吵架，中間有段時間她更出國留學，這些年都是離離合合中度過，有可能和她結婚嗎？我剛出來工作，養活自己也成問題；再者，我自覺還是膚淺幼稚，結婚太遙遠了吧！

由於兩支籤解得十分矛盾，感覺解籤佬「見人講人話，見鬼講鬼話」，我當他只是跟我開個新春玩笑。

我在 BGX 工作了近半年，已經完全熟習流程，一切彷彿很順利，然而內心深處卻總是覺得有所不足，如此下去，再過兩三年後，會怎樣呢？只是憑興趣加少少所謂天分，能否一直支持我繼續做下去呢？

有個前輩問了一條普通不過的問題：你有沒有想過 career path 啊？Career path？我最遠想到的，可能是明晚去甚麼地方食飯。

我的成長從來都沒有跟隨甚麼路徑，反而多數隨心出發。學校裡，老師都希望我們十項全能，我卻在想為甚麼不可以單項最強呢？小時候愛上繪畫，就不停地畫，畫得多了，就參加比賽、去投稿。喜歡漫畫，就不停看漫畫、畫漫畫，更瘋狂到做筆記。認識了設計，就去讀設計、做設計。

未至於想做就去做，但是我決定去做的，一定要試過，甚至做到極致才會心息，我就是這樣的一個人。

投入職場後，發現職業和專業是兩個層次的事情，做一份設計職業，把工作做好、完成，就是了。然而設計專業，除了要不斷拓展視野和提升設計力，還需要一定的通識和涵養。從來沒有認真讀書的我，第一次想到「進修」這二字。

找人商量，反應卻很兩極。

有些人覺得，「你傻的嗎？設計是靠經驗、靠天分，不需要進修。」另一些人則說，「可以進修，但不要在香港，要走得遠一點。」

進修這一件事已默默在我心裡植根。

同年三月，在美國的三哥寫信給我，「想不想來這邊讀書？」三哥拿著一個行李去美國闖天下，半工讀畢業後，找到一份不錯的工作，生活安頓下來後，便想著照顧這個老是令人擔心的弟弟。

讀書？不就是進修嗎？

關於留學這件事，女朋友也沒說甚麼，二十一歲的世界比較簡單和坦白，又不是沒試過 long distance，自以為只要意志堅定，我們一定能夠繼續下去；再者，有機會去另一個世界體驗生活，實在是一件很有挑戰性的事情，我想不到拒

絕的理由。

至於讀甚麼？去多久？畢業之後有甚麼打算？沒有任何計劃，就這樣決定了。

兩個月後，我去了美國——我真的在五月遠行，更混了五年才回港。

黃大仙很靈，解籤佬解得很準。

一口氣決定離開，就這樣結束我的短暫設計師歲月。

給 DOM 哥的悼文

一九八七年，我還是設計學生時，已認識還有一頭濃髮的 Dominic Chan（Dom 哥），他是那年代的潮流尖端，愛穿 ixi:z 和用 KMS gel 頭，是典型的設計師造型。他嚴肅，不苟言笑，很 cool。

及至畢業，我和他同在新成立的 Bates Graffix 工作，作為創作部食物鏈的最低層，我需要侍奉三位 Art Director，包括 Dom 哥。Bates Graffix 是設計地獄，工作極度繁忙，最可怕是晚上沒有冷氣，因此，我經常要和眾大哥在三十幾度下赤條條地開夜，很香艷熱血。然而 Dom 哥是大哥中最矜持的一位，不管溫度多高，他都很少把上衣脫下。

跟 Dom 哥混熟了，方知他也不是悶蛋，尤其談及設計時，他便如黃河之水，滔滔不絕。由 Paul Rand 的商標 Kerning 到 Neville Brody 的字體設計，每每有他的觀點與角度。日子久了，話題更廣，在設計之外，更與他探討司馬燕的身材和客戶服務員 Ivy 姐姐的體香之謎。那就是快樂的八十年代設計生活。

之後我負笈他鄉，星轉物移，再見 Dom 哥已是很多年後的事。我已從他口中的大衛仔變成大衛佬，而他的濃密頭髮也隨時日而去，Dom 哥開始與 Cap 帽形影不離。千禧年後，他成立自己的設計公司，成績大家有目共睹，當我開設自己的公司時，Dom 哥給了不少寶貴意見，他不只是我的前輩，也是我的導師，我的設計路裡有不少步伐也是跟著他的方向而行。

一個冬日早上，接到 Dom 哥猝逝的消息，很難過。年輕、事業如日中天，可以想像他走得很不忿，是命也是緣，這就是人生。

K16
KCRC
KCRC

關於見工

我從美國回來後，曾經回到 BGX 工作了一段短時間。物轉星移，BGX 從八個人增至三十多人，算是一間大型設計公司。Joe 哥已經離開，黃哥晉升為 Design Director，Dom 哥統領設計部，大大佬 Simon 成為 Managing Director。

作為第一代員工，對 BGX 有一種特別的感情，五年過後，公司上了軌道，大家都成長、進步了。這次歸隊，我不再是單打獨鬥的設計師，而是一個 Art Director，雖然沒有固定的下屬，但在工作上也有幾個設計師幫忙。和 Dom 哥還是合作愉快，他仍然像一個孤獨的劍客，大部份時間都是躲在他的房間裡戰鬥。

BGX 的工作模式還是一樣，兩個月後，開始感到有點格格不入，可能內心深處，並不想在一個熟悉、安逸的環境重複自己；再者，那時候只有一個很單純的想法 —— 我想知道設計師的可能性。

莫道你在選擇人，人亦能選擇你。

寄了幾封信給心儀的設計和廣告公司，竟然都有回覆。

見工是很好的生活體驗，不但可以擴闊人脈和視野，更學到很多 HR 技巧。

見工也是一場博弈，除了要理性分析待遇和發展外，還要衡量彼此有沒有化學作用，因為設計也是一份很感性的工作。

當時見了那麼多公司，印象最深的是 Tommy Li，Tommy 比較特別，因為九成時間都是他在發言。他很好玩，相信他的公司也很好玩，但是我覺得這樣就最不好玩了。

最後，我和 Tommy 成為朋友。

4/F GOLDEN STAR BUILDING
22 LOCKHART ROAD
WANCHAI, HONG KONG

DAVID LO
ART DIRECTOR

FAX: (852) 2861.1216
TEL: (852) 2527.2766

DIRECT LINE: 2860.9668

BATES GRAFFIX IS AFFILIATED
WITH *SIEGEL & GALE* INTERNATIONAL
DESIGN CONSULTANTS

BATES GRAFFIX

24

CATHAY PACIFIC

It feels good to be lost

in the right direction

—

無知是最幸福

第二章

CHAPTER TWO

—

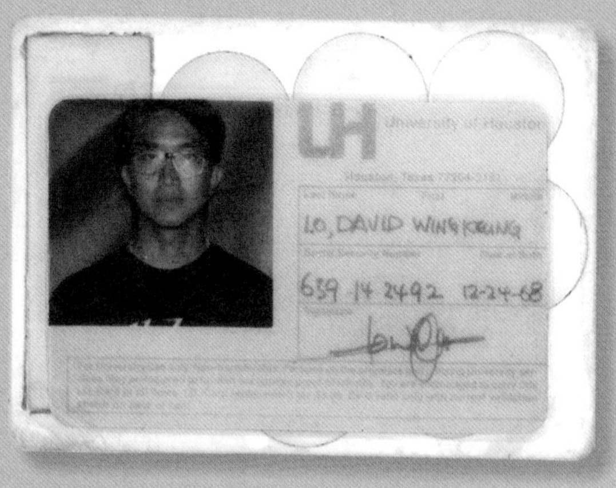

休士頓

女朋友是唱片公司的公關，上機前的一晚我還陪著她開工，在尖沙咀的Apollo 18玩到凌晨四點，第二天搭飛機時只剩下半條人命。在飛機上，終於能安靜下來(也可能是酒醒了)。其實，我在做甚麼？後來還是繼續睡，幾乎錯過下飛機的時間，差一點就要跟著其他乘客一起飛去達拉斯。

我渾渾噩噩的到了美國，相比起繁囂的香港，休士頓太安靜了。晚上睡覺時，耳朵一直嗡嗡作響，安靜得讓人睡不著，在休士頓的第一個早上，腦海中都是家駒的聲音，「初升的曙光，仍留戀都市週末夜。」

那時候我怎樣都沒有想到，會在這裡待了五年。

休士頓距離香港一萬三千四百一十公里，位處美國中南部的德州，德州在東西岸人眼中是土裡土氣的牛仔世界。在起初的時候，我也有這種感覺，住得

久了，我反而欣賞南部的樸素生活，以及人們那份剛毅樂觀的性格。

其實不要被那些人云亦云的媒體誤導，德州絕對不是沙漠，只是夏天的那種熱，不是一般人可以承受，華氏一百零五度（攝氏四十度）是等閒事，由於濕度低，室內反而比香港涼快。休士頓的冬天，有時候是一日四季，早上起來是零度，汽車的擋風玻璃多數都會結冰，太陽出來後，氣溫會回升到七至八度，到中午時分，氣溫更會升至十七度。在正午太陽下，只需要穿一件短袖衫；下午三點過後，天氣又會逐漸下降，晚上又會變回零度。

那裡的夏天還有暴雨，都是無聲無息突如其來的，回家的四十五分鐘路上，可以經歷太陽暴曬和暴雨水浸，有時候雨下得太兇，甚麼都看不清楚，大家都會把車子開往橋底暫避。中南部也是龍捲風勝地，我曾經近距離目擊幾次，很壯觀，也很可怕，看著那扭曲的漩渦，你會感到生命十分脆弱。

我就讀的休士頓大學（University of Houston），是典型的四年制州立大學，學校有四萬多個學生，華人的比例不算多，大部份都是唸工程或商科，設計系就只有三人，是貨真價實的 minority。華人比較內斂，而我是一個相對 liberal 的香港人，那幾年間，和一班當地的設計系同學整天都混在一起，飲酒、抽煙、打棒球、看美式足球、看展覽、逛博物館、通宵做功課，雖然有些在畢

休士頓，別號 Space City，因為它是 Johnson Space Center 的所在地，美國的太空任務控制中心也設在此處。休士頓鄰近墨西哥，西班牙語是城市的第二語言，相比其他美國城市，中國人在這裡的比例很少；一九九〇年的唐人街，其實是越南人佔大多數，其次是台灣人。
大學二年級時我留長髮，加上曬得黝黑，不時在越南餐館被誤認為同胞。

業後失聯，但是大部份在幾十年後還能保持一段革命感情。

越是融入當地生活，越是覺得文化差異多數是基於不同的觀點與角度。香港的生活璀璨精彩——wonders never cease，德州的生活樸實簡單，適合孤獨精如我。究竟我喜歡哪一種生活模式呢？真的沒有一個答案。

我主修Graphic Communication，副修Art History，一、二年級時主要學習各種基礎學科，到第三年才正式研習設計。中學時無心向學，在工業學院也是嘻嘻哈哈中度過，想不到二十一歲才認真讀書。

開初兩年很辛苦，因為除了基礎設計和藝術史之外，還要啃很多與設計無關的課程，譬如微積分、政治學、美國歷史等，有一年的夏天為了想省點錢和加快進度，我要在一個月內唸兩科英國文學，看著那兩本加起來有五吋厚的書，心裡隱隱有點自殺傾向。

進修，不就是放開懷抱，接受新知識嗎？我這樣對自己說，也是這樣捱過去的。

當初我覺得十分無謂的課程，慢慢卻覺得也有它們的獨特意義。某程度上，這種多元的學習模式，真的擴闊了我的視野和想像空間，以今天的標準來看，這就是通識了。

在那些課程中，以藝術史對我影響最深，研究藝術，可了解創作和歷史文化的關係。研究不同年代的創作風格和美學流派，可清楚每件作品背後的創作理念和過程。研究歷史，思考設計，能訓練多元和多角度的創作思考，以及探索更多設計的可能性。

西方的設計教育，看重的是培養學生的涵養和獨立思考，還有作品背後的文化意義。我在小島裡學到的，是實效和應用性強的設計；只可以說，地域和文化背景，很影響設計的發展方向。

CASALINO

信心的贏面

有信心未必會贏，無信心一定會輸。

許多人外表總是充滿信心，其實是以信心隱藏內心的疑惑。

信心是需要培養的，是有諸於內，而形之於外的資產。

在休士頓大學讀書，有一個很奇怪的現象：一班三十多人，大家都好像不是那麼在乎成績。我相信原因有二：

第一，設計和創意是很主觀的事，只要不是不及格，大家也覺得沒所謂。

第二，我們都對自己的設計充滿信心，特別是我，因為入學前已經做了八個月的設計工作，總覺得自己在課堂上是得心應手的。

休士頓大學的設計系比較特別，人家只需修滿學分就能畢業，而我們的設計學位只有十多個，學生需要在二年級學期末申請，再經面試、評核作品後，才可入讀三年班。當時我的 GPA 有 3.75 分，拿著這樣的成績單去面試，相信絕對沒有問題。

想不到學院沒有取錄我。

我很驚訝，覺得學院沒有不取錄我的理由。

我去問教授，教授說：「你這兩年做的都不是自己的作品，你沒有很用心做設計。」聽罷我當然生氣，我的設計課差不多都拿A呀！

再去找系主任理論，「為甚麼會這樣？中間出了甚麼問題？為甚麼教授不取錄我？」結果依然沒有改變。

冷靜過後，花了一整天細閱自己的功課，這兩年的課程的確對我太容易了，基本上不用太花心思已經可以拿得高分，作品質量高，但是沒有神采，我只是在做乾乾淨淨的功課「Homework」，而非作品「Portfolio」。教授們是不是看到我輕視了課程，而要挫一挫我的銳氣？

我是不是未盡全力？

他們都是資深的教育家，大部份更來自耶魯大學和 Cranbrook Academy of Art 等創作風格強烈的設計學校，教授的說話，定必有一定道理。

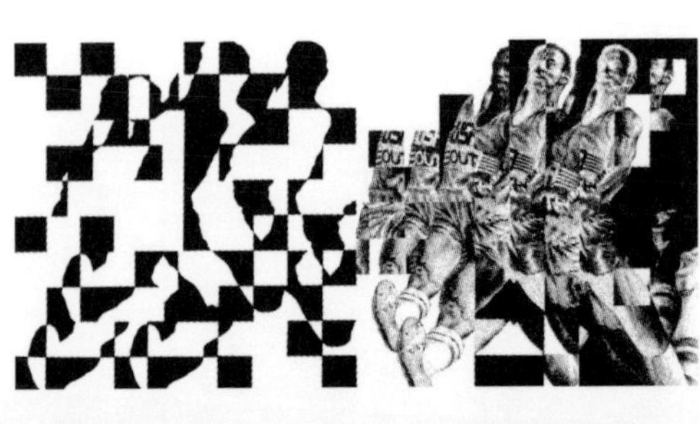

我決定重讀一年，把以前所做、所學的東西全都拋下，從頭做起。

與此同時，我拿著香港的設計作品找工作，希望賺點外快。我去到一間叫 **Houston Centre of Photography** 的藝廊敲門，負責人是一個說話很溫柔的中年人，他看完我的作品後問我。

「你來這裡讀書？」

「是的，休士頓大學。」

「來了多久？」

「兩年多。」

「你覺得你做的東西適合我們嗎？」

「我對自己很有信心！」

「那好吧，我讓你試一試。」

就這樣，我為它們設計了一份展覽場刊，工作完成後客戶十分滿意。我還以為自己很厲害，怎知對方那時候才坦白。

「其實你的作品完全不適合我們，但是我覺得你很有熱誠，想幫幫你這個留學生，所以給你這個機會。我很開心，因為我沒有太高要求，反而在看到你的設計作品後有點驚喜，比你的香港作品好太多了。」

這對當時信心滿滿的我來說，可謂當頭棒喝。

無知是最幸福的，因為無知很容易令人自以為是。

知恥也是一件幸福的事情，因為能夠坦誠面對自己的不足，才能自我反省，並可糾正自己的錯誤，這也是進修的其中一層意義。

Picturing

ASiA AMERICA

COMMUNITIES

CULTURE

DIFFERENCE

HOUSTON CENTER ● FOR PHOTOGRAPHY

九十年代初，在大學開夜都是聽 Grunge 或 Industrial 的音樂，可能夠嘈，在夜晚時也比較精神。我尤其喜歡 Grunge，因為它是搖滾和 Punk 的混合體，歌詞都是「怨花怨草空虛寂寞凍」，很配合我那類二十出頭，為賦新詞強說愁的留學生心情。我喜歡 Nirvana，因為我覺得 Kurt Cobain 是一個很有型的男人，他的歌聲陪伴我走過整個九十年代。

licensed for promotion
if i should explode
Machine
of
loving

CINEMARCHITECTURE 5:
COMMON PLACES
TICKETS:
INDIVIDUAL: $3 RDA, MFA
MEMBERS, STUDENTS,
AND SENIOR CITIZENS
OTHERS: $4
DISCOUNT SERIES TICKETS
AVAILABLE. FOR WEEKLY FILM
INFORMATION, CALL 713-639-7515
ALL FILMS ON SUNDAY EVENINGS
BROWN AUDITORIUM, THE MUSEUM
OF FINE ARTS, HOUSTON.
itation implies an eventual tragic
ing a traditional fold environment
ws a folk painter who, like the
r lost. The film is a miraculous
nting of the misfit artist, moving
/filmmaker.
s of existing landscapes for time
the aboriginal setting of the New
yonics awakening in the high-tech
bal usages gleaned from current
hile the latter reassembles the
time to come. Trinh T. Minh-ha's
ay on the issues of vernacular
ments in West Africa, her film
nt in things taken "out of Africa."
JANUARY 19, 7:00 P.M. THE TREE OF WOODEN CLOGS
JANUARY 26, 7:00 P.M. NAKED SPACES: LIVING IS ROUND
FEBRUARY 2, 7:00 P.M. CABEZA DE VACA
FEBRUARY 9, 8:15 P.M. SLEEPER
FEBRUARY 16, 7:00 P.M. STREET OF CROCODILES
FEBRUARY 16, 7:30 P.M. PIROSMANI
FEBRUARY 23, 7:00 P.M. OEDIPUS REX
THE RICE DESIGN ALLIANCE, IN CONJUNCTION WITH THE MUSEUM OF FINE ARTS, HOUSTON, PRESENTS ITS FIFTH ANNUAL FILM PROGRAM

5

cinemarchitecture

RICE UNIVERSITY
RICE DESIGN ALLIANCE
6100 SOUTH MAIN STREET
HOUSTON, TX 77005-1892

NON-PROFIT ORG.
U.S. POSTAGE
PAID
HOUSTON, TEXAS
PERMIT NO. 7549

cinemarchitectu

(JANUARY 19 - FEBRUARY 23, 1995)

COMMON PLAC

Common places are landscapes that have been produced in the everyday world of unremarkable change. This so-called vernacular environment can range from the unassuming shelters of pro-industrial societies to the commercial effluvia of the post industrial strip. Architectural theory cyclically returns to the lesson of the "primitive hut" and more recently has been jump-started by such exposures to the non-architect-produced environment as Robert Venturi and Denise Scott Brown's *Learning from Las Vegas* (1972). A corresponding attitude in narrative form, such as cinema, is to seek moral inspiration from folk culture. The recourse to common places - landscapes that seem uncorrupted by official culture - serve to refresh a sense of origins and natural law. Yet representatives of the purity of the untutored peasant, the naturalness of those living in nature, and the unselfconscious wisdom of oral transmission can also be mystifying projections of elite culture onto the vernacular.

The films selected for Common Places revolve around the theme of defining the vernacular "other" through a landscape of common forms. Ermanno Olmi's The Tree of Wooden Clogs uses the meticulously detailed recreation of peasant dwellings to present the bittersweet struggle between the humane values of the impoverished, preliterate world and the advantages of a literate, wealth-

producing society. The peasant's e
alienation from vernacular values.
is handled more dialectically in
filmmaker, is representing a worl
crossover in which one enters mo
through motionless landscapes froz

Cabeza de Vaca and Sleeper
travelers. The 16th-century Spanish
World is somewhat like Woody All
laboratories of the 21st century.
anthropological research into the
futuristic architecture of the presen
Naked Spaces: Living is Ro
"otherness." Observing people w
significantly reverses the colonial p

DAVID CARSON

David Carson 是九十年代其中一個最重要的設計師。

他出道時，很多人都對他的風格不明所以，例如他主理的 *BEACH CULTURE* 雜誌，以混亂、難以解讀，以及不對稱的設計為人所熟悉。後來的 *RAY GUN*，他進一步把文字和圖像不斷的解構和重組，更用傳真機和影印機把文字放大縮小和重疊，並做出一些扭曲、粗糙變形的效果。看似雜亂無章，其實他是對傳統的版面構圖風格和信息傳達提出質詢，他顛覆了雜誌的設計處理，變成更具實驗性和可能性。

Why and Why Not?

David Carson 的作品啟發了我那一代人。

那時候美國的設計雜誌有兩大主流，第一種是傳統的老品牌，例如 *Communication Arts*、*PRINT*、*HOW*、*STEP BY STEP*，內容比較學術和技術，適合細讀和研究分析。

另一種是新派、破格和充滿解構風的雜誌，例如 *RAY GUN*、*EMIGRE*、*BIKINI* 等，除了 *EMIGRE* 外，其他都是音樂和潮流雜誌，但很多人都是為了他們的設計才購買的。

bible,

BEACH
CULT
URE

GUN,

robyn hitchcock
NICK
PRIM
C AND STYLE
SWERVEDRIVE
brian eno cocteau twins the mekons
stereolab manic street preachers
slowdive lush etc etc
+ style (the bible of }
Ra
27
morrissey
PUPPETS
KATE BUSH
PAVEMENT
ramones
RAY
e of music + style

R.E.M.
new video
MF
rden of being

RAY
GUN
the sundays
bikini kill
the wedding present
suzanne vega
juliana hatfield
THE BIBLE OF MUSIC + STYLE
ray

09
0 70989 36606 0
SEPT. '93 $3.50 CANADA $3.95

gu
numb
URGE
OVERKILL
KILL
NG
NS
FOR
IN
THE
E Y S
R
E
S
gun
ing

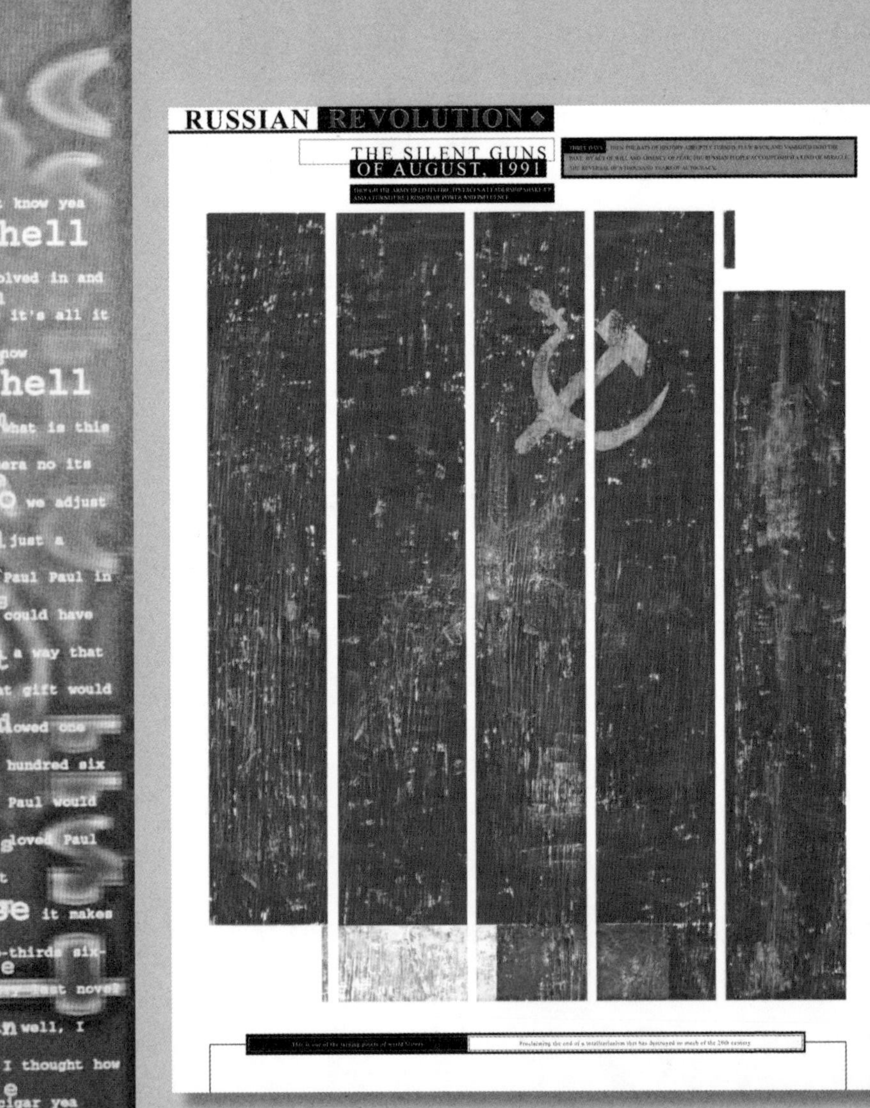

Studio work 最好玩的地方，是題材多元化和實驗性高，
我很珍惜學生時代的作品。

Increase the **volume** does not make a difference I never had that problem I was not aware of that It's all straightened out Yea conservative geeks experience **interior** lines great show speakin terms right, right a while ago back problems I need more coffee I've got the word Francis I had this okay call earlier in the week I'll catch you before I leave just cut that in strips right, yea somehow

correct home is where u ...

more space

want to do so we roll to ...

things this is the scrub ...

confuse the paper yea ...

will go ...

important space

-gorgeous there is a spir ...

right Plath that's not ...

operation what are you ...

beautiful this is disc ...

outside

Three-Five Minute Composition
Harvey/O'Conner

TEXAS
913-UFE

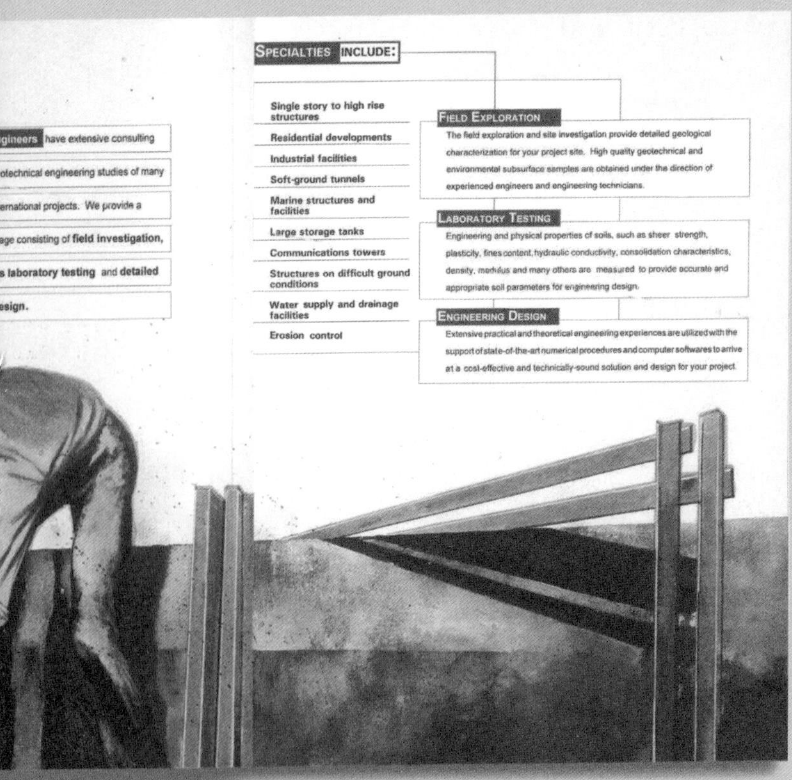
ngineers have extensive consulting
eotechnical engineering studies of many
nternational projects. We provide a
kage consisting of field investigation,
cs laboratory testing and detailed
design.
SPECIALTIES INCLUDE:
Single story to high rise structures
Residential developments
Industrial facilities
Soft-ground tunnels
Marine structures and facilities
Large storage tanks
Communications towers
Structures on difficult ground conditions
Water supply and drainage facilities
Erosion control
FIELD EXPLORATION
The field exploration and site investigation provide detailed geological characterization for your project site. High quality geotechnical and environmental subsurface samples are obtained under the direction of experienced engineers and engineering technicians.
LABORATORY TESTING
Engineering and physical properties of soils, such as sheer strength, plasticity, fines content, hydraulic conductivity, consolidation characteristics, density, modulus and many others are measured to provide accurate and appropriate soil parameters for engineering design.
ENGINEERING DESIGN
Extensive practical and theoretical engineering experiences are utilized with the support of state-of-the-art numerical procedures and computer softwares to arrive at a cost-effective and technically-sound solution and design for your project.

一九九三年為 Tolunay-Wong Engineers, Inc. (TWE) 設計企業形象和刊物，現在它們是墨西哥灣沿岸地區最大的地質科學諮詢公司之一，辦事處更遍布德克薩斯州和路易斯安那州。
那時候著迷插畫，大三時曾經考慮轉科，專攻油畫。

回流

在九十年代，香港留學生除了求學之外，不少還想求身份，希望畢業後在那裡找份工作，拿到綠卡，然後落地生根。

「畢業後有甚麼打算？」

「沒有啊，讀完就回香港。」

「為甚麼？」

「沒有甚麼，這一刻我就是這樣想的。」

要不要在這裡繼續生活？畢業之後再算吧。

重讀一年後，我順利考進三年級。

大學三年級，也是我來到美國的第四年，在外面工作的時間越來越長。我在大學的工程學院找到一份 in-house designer 的工作；同時，也接一些插圖和設計的 freelance。

下一步，我似乎順理成章會留在美國，然而世事卻往往是意料之外。

畢業那年，我陸續收到一些公司的面試邀約，其中一間位於加州 Sacramento 的公司，更提供來回機票。我按著地址過去，那是一間很小的工作室，對方說他們是新成立的設計公司，不過未來主要做 3D 動畫，員工入職後，需要學習還在開發中的繪圖軟件，內容是甚麼還不清楚。我喜歡平面設計，要改行做動畫，讓我很猶豫，最後還是拒絕了。

很多年後，我才知道那是為了籌備《星球大戰》前傳而成立的電影特技公司。回休士頓途中，在飛機上隱隱覺得，好像在香港還有些未完成的事情在等著我，這是一種很抽象的心情。

那時候，每個星期有兩、三天在一間由華人開設的設計公司兼職，老闆是一個嗓門很大的中年大叔，他在芝加哥一所名校的工業設計系畢業，公司在休士頓開業多年，客戶九成都是來自華人的社區網絡。我們的工作量很多，但是他對設計的要求很低，我們在大學討論 David Carson 的設計風格，而他在公司最喜歡和我討論 David Letterman 的風趣。他在做設計生意，但是我在他

檔案是用 SyQuest 作儲存，五年光陰，差不多所有功課、筆記和作品，都儲存在十隻 44MB SyQuest (US$72=44MB) 裡面，想不到回港過完海關 X-ray 後，有一半報銷。

身上找不到半點設計師的影子。

看著大叔老闆，讓我思考華人在當地發展的可能性和局限性。

如果我留下來，十幾年後，也會像他這樣工作嗎？

等等，我想做甚麼工作呢？

一九九五年，我決定回香港重新開始，最重要的，我可以見證一九九七的這個大時代。

大學時期的插圖工作，上邊那一張關於美國總統選舉的作品，更贏了 Art Directors' Club of Houston 的銅獎。

CHOKED CITY

在休士頓，設計以外就是看球，在美國生活，第一件事不是學懂英文，而是要學懂 National Football League（NFL）美式足球球例。NFL 是一種生活文化，NFL 是一個城市的榮辱。

休士頓的秋冬不太冷，可是每當球季開始，大家都會熱血沸騰。

當時的休士頓，所有球隊都未嘗過冠軍滋味，整個城市對球隊、球員的要求是近乎聖人標準，只要球員（特別是四分衛）稍為失準，便要接受不同媒體鋪天蓋地的唾罵，接下來的一場更有被替代的可能。球隊獲勝，大家都會心情愉快，輸球則鬱悶非常。

一九九三年的季後賽，休士頓油人 Oilers 在上半場領先水牛城比爾 Bills 三十二分，很放心了，我便在第三節前出門午飯。誰料到比賽最後卻反輸三分，整個休士頓市頓變死城，報紙把休士頓稱為「Choked City」(窒息城市)，慘劇陰霾圍繞天空長達十多年。幸好每次球季結束，大家都把心思放在球隊重組，年復一年，寄望來年再戰。以運動緊扣地方人心，這就是美國了。

每年 Superbowl（超級碗）決賽的電視廣告，除了能欣賞精彩的製作外，還有背後那驚人的 airtime 數字。隨便一個三十秒的廣告播放費，都是以千萬計算的，那裡絕對是英雄地。

NFL 球隊的資產值更是天文數字，以現在的休士頓德州人 Texans 為例，這樣一隊中下游球隊已經價值四十七億美元。試想像雙倍價值的德州牛仔 Dallas Cowboys 是怎樣的身價？

Parameters

UNIVERSITY of HOUSTON

Much attention was focused on women's issues during last year, the Year of the Woman. And women in engineering were no exception. The issue of attracting and retaining women in engineering is complicated, to say the least, but one that we want to address.

• See article page 6

CULLEN COLLEGE OF ENGINEERING

MAY 1993

在學校的工程學院做 in-house 設計師，這是一份優差，因為上司說這裡工作不忙，沒事做時可以用 studio 的資源做功課；加上工資是學生中的頂薪 US$7.5 (圖書館「執書」只有 US$4.5!)，令很多同學羨慕不已。

Communication major at University of Houston.

ow at munchies

1617 Richmond

Houston, TX 77006

(713) 528-3545

st AMp

id lo

raphic designer and illustrator nearly for six years.

career in the graphic design department of Cathay

ys and in 1989 accepted a position with BSB Graffix,

orate design studio in Hong Kong. He is a member

g o t t e t

Christian Gottet, a farmer from Switzerland, is a se

a

i llustration

g raphic desi

p hotography

david lo

christian gottet

d a

David Lo has been

關於留學

朋友在 Facebook 這樣寫：

「有街坊問我關於送個女去外國讀書的事……

一個少年人喺外國生活，其實好容易犯好多錯誤，我當年都犯過唔少。但我有個理論，只要唔好車禍死（死了真係冇仇報）或者比人搞大個肚，其他所有錯誤，包括讀唔成書、fing 晒錢、亂搞男女關係等，都係 recoverable 的，唔怕……就俾機會孩子在自由的天空下自己成長吧。」

年輕，沒有父母在身邊，身處異地，一定會感覺大地任我行。由於我在中學已過著放蕩生活，加上工作了一段時間才出國，相比其他留學生，我是比較理性和收斂的。

我沒有大肚、也沒有令人大肚，但是也發生過一次車禍，一次差一點「冇仇報」的車禍。

大學三年級的最後一天，在一個寧靜的早上，我需要回學校拿成績，如常地在熟悉但迂迴曲折的河道旁邊駕駛，突然車子打滑，瞬間便撞向旁邊的大樹，幸好有這棵大樹擋住，不然我便會掉落洶湧的急流裡。警察到了現場，呼了一口氣，然後對我說：「You are lucky sir.」

那一瞬間的電影感很重，原來我們可以在幾秒內 flashback 十多年的前塵往事。

我呆在車禍現場，覺得人生漫長，

留一條活命，是留學生最重要的事情。

長大後，我更覺得人生苦短，

活得精彩，是人生最重要的事情。

If you
like me
then raise
your hand

**if not
then raise
your standard**

—

第三章 設計的高度

CHAPTER THREE

MR. CHAN

八十年代初，尖沙咀廣東道出現一間 Canton Disco，視覺系統由陳幼堅先生設計，一系列民初造型的游泳插圖，配合現代的平面設計風格，東西合璧、華麗摩登，令 Canton 從開幕的第一天便成為香港的設計經典。

一九八六年，十八歲的我第一次去 Canton，收起一支攪拌棒作紀念。

一九九六年一月二日，我抱著朝拜的心情往陳幼堅設計公司（Alan Chan Design Company, ACDC）上班。

陳先生以東情西韻（East Meets West）為設計理念，作品融合古典與現代，涵蓋平面、產品及空間設計等。當時他有兩間公司，除了 ACDC 外，還有另一個品牌「東西坊」（Alan Chan Creations），專門售賣自家的設計品牌。東西坊在中環、山頂都有店舖，以香港設計師來說是十分有規模。

ACDC和舊東家只是一街之隔，也是位處灣仔酒吧區。在一九九六年，那裡可以說是不夜天，無論多晚都能找到吃喝玩樂的地方，和今天的死城狀態是沒法相比的。

踏進ACDC，彷彿到了另一個宇宙——接待處旁有一扇古雅的彩色玻璃屏風和一座青銅佛手，古雅又摩登，這是東西交融下，獨有的香港設計公司風格。ACDC也是一間小型博物館，基本上內裡的擺設，不是古董便是陳先生的收藏，相機、鐵罐、銀器、書籍、玩物隨處可見，還未計算藏在櫃子裡的極品海報。設計師夢寐以求的創作空間，大抵就是這樣的了。

陳先生個子不高，蓄著山羊鬍子，衣冠楚楚，總帶有一種難以言喻的優雅，如果換上古裝，他就像一位明清儒士。入職前，我已經聽過很多關於他的「傳說」：傲慢、囂張、目中無人，甚麼講法都有，一直都感到非常好奇，想看看這位日本人眼中的「謎一樣的男人」的真面目。

入職ACDC時，公司有三十多人，其中三分一來自設計部，核心團隊由三個美術總監（Art Director）組成，成員有Miu Choy、Peter Lo和我，四個設計師因應工作需要與我們自由搭檔。此外，還有製作經理和三個正稿員等，創作總監當然是陳先生。

印象中陳先生沒有教導我甚麼是設計，也沒有說很多創作的大道理，反而在工作上，他給我很多啟發。

故事的角色

每次有新工作，陳先生和客戶服務同事做完簡報和設定方向後，便會讓我們三個美術主任自行構思設計，他再從中選擇。然而在入職頭半年，無論是甚麼項目都沒選中我。

我做的也不差吧？是否另外兩位同事入職時間比較長，所以才選他們的？

陳先生總是笑瞇瞇，他不會告訴你要怎麼做，也很少說我做得好不好，只會花很多時間解釋為甚麼選擇某個設計。很多設計師不習慣這種工作方式，感覺缺乏互動，彷彿是一個工具人。

後來我換個角度思考，如果我是陳先生，他會想些甚麼？他是怎樣衡量設計的呢？

慢慢發現，其實他是很策略性地做設計的，或是這樣說，陳先生不只是一個設計師，而是一個很厲害的 **story teller**。在設計開始前，他已經有一套提案策略來演繹他已經構思好的想法和故事，而這個策略，需要配合一套高水準的設計，而這就是我們的工作。

自從懂得從他的角度思考後，也更了解他的設計思維，之後的工作便變得很順利。

ACDC 有個獨特而傳統的文化——包飯。

每天中午，伙食公司的阿叔都會騎著單車送來熱騰騰的住家飯菜，待我們吃完後再來把碗碟收走。陳先生不用應酬時，都會在會議室吃午飯，有幾個同事也跟著一起吃。很難相信一間頂級設計公司的老闆會跟員工一起包伙食，實在超出我的想像，我也很快加入包飯行列。

很多人都怕和老闆一起吃飯，不知該說甚麼，我卻不太在意。反而短短一小時的午飯時間，大家天南地北無所不談，講設計、講時事，飯氣攻心更暖心，我們逐漸加強了默契。

看山見山

【設計師的操控力】

那時候公司替電訊商 Mandarin Communication 做品牌設計，我們覺得這個名字太老土了，陳先生笑笑說：「我想想吧。」當時不以為然，還以為他指的是設計風格。後來有一天，他高興地說：「名字改好了，叫 Sunday 吧。」

「Sunday，星期天，這個名字代表了舒適、正面、陽光，沒有人會不喜歡的。」他特地選擇在星期天與客戶見面，在最適當的環境中提出建議，就這樣，一個家喻戶曉的品牌誕生了。

那是首次看到一個頂級設計師所能操控的領域，不單是創意、美術，就連品牌的名字、理念，以及後續發展都能運籌帷幄。

【設計師的會議時間】

陳先生說過：「在精神狀態最佳的時候，最好決定重要的事情。」ACDC 強調工作效率，會議一般都能在三十分鐘內結束。我很喜歡這種工作模式，後來在廣告公司工作以及創業後，開會時也以此為準則。

【設計師的推動力】

工作一年後，陳先生帶我去馬來西亞大廈的樂意餐廳吃午飯，聊聊天，兼進行不太正式的年終 appraisal。他是餐廳熟客，經理安排了窗口的位置。

「我在這間餐廳吃了不知道多少年，有時遇到想不通的事情也會在這裡思考。我中學畢業，但英文也不差，因為我每天都看英文報紙，遇到不認識的字就查字典，記下來。你想想，一天記幾個不認識的英文字，一年後我記了多少字？」每天都在求進步，遇到陌生的事物就去了解、去學習，這就是設計師的推動力。

【陳先生的「聖旨」】

在沒有電郵和 WhatsApp 的年代，陳先生有甚麼想告訴我們的，都會用鉛筆寫在一張 A4 雪梨紙上，然後讓秘書放在我們的書桌。這種用便條溝通的方式很有個性，就像是「聖旨」一樣。不過據我觀察，似乎沒有同事以同樣的方式回應。

ACDC 每年都會參加很多設計比賽，滿載而歸是必然。一九九八年的香港設計師協會雙年展同樣贏得很多獎項，可惜沒有一個是金獎。頒獎禮後，我回到公司工作，陳先生也在，感覺到他有點悶悶不樂。我便拿了一張紙寫了幾句話：

雖然今晚沒有大獎，
但是我覺得我們的作品是最好的。

第二天，陳先生回了一張便條，我一直保存至今。

David,

your message

is very much

appreciated!

TKs!

設計師的延續性

工作穩定了，隱隱覺得坐立不安，總想找些事情去做，有甚麼東西和設計有關，但又比較有意思的呢？想了又想，不如兼職教書吧。

第一間任教的學校是香港大學專業進修學院（HKU SPACE），學生是一班在職進修的設計人，二十八歲的我比他們大不了多少，但是五年隔一代，分享設計，了解大家的設計想法，也不失為一件輕鬆愉快的事情。

一九九六年是香港設計業的分水嶺，電腦開始普及並變成重要的設計工具，大家都趕著學習不同的電腦軟件，以及重新摸索設計師的方向和定位。

我教的是 Communication Design，對學生來說，在課堂上、功課上創作不同類型的設計，不但可以豐富他們的設計日常，還可以擴闊他們的思考領域。對老師而言，課堂也能改善我的溝通技巧，不要忘記提案也是一門藝術。

有了第一間學校，就有第二間、第三間……高峰期同時教三間學校，週末還要去澳門授課。但是我很遵守「江湖規矩」。

晚上七點教書，下課後就回公司完成工作，有時索性在辦公室睡覺，這就是當時的生活。

執著教鞭，自己也想再進修，於是我在做老師的同時，也成為了學生，報讀了遙距工商管理碩士課程（MBA）。學習市場、策略、人力資源管理等科目，為我填補了很多的空白。

在ACDC四年，白天工作，夜晚教書，所有空餘時間也在談戀愛，一天彷彿有三十六小時。

一九九七年時，只有很少在職設計師會用工餘時間教書，我陸陸續續在十所設計學院任教，最有意思是有一年在工業學院教授夜校，同班的老師是我的班主任譚太，她說話時我感覺自己還是學生，很有趣。

一九九七

六月三十日，在黃埔附近看到江澤民的車隊駛過，他還對著我們揮手。我見證大時代，見證香港回歸。

【大時代】

從一九九六年入職 ACDC，到一九九七年回歸的一年半時間裡，很多工作都與回歸有關。直到回歸前的一兩個月，設計品差不多都完成了，才能鬆一口氣。

那時候還不到三十歲，看到香港的經濟發展看似不錯，但是想到未來，每個人頭頂上都有一個大問號，充滿未知數。

有趣的是，由六月中開始每天都在下雨，不是黃雨就是紅雨、黑雨，直到回歸前的那晚仍如是。雨一直下，彷彿映照著香港人忐忑的情緒一樣。

對於回歸，留在腦海中的都是一些記憶碎片——晚上有花艇遊香江，凌晨時分政府建築物屋頂的徽章被拆除更換等等。

和那時很多香港人一樣，我一直在賽道上奔跑，不停向前衝，生活被工作填得滿滿，還要讀書，還要教書，還要拍拖，還想認識更多設計的世界。忙碌的極至，就是沒有空間思考未來，可能也不想思考未來。

【大蕭條】

一九九七年可以說是一個分水嶺，沒多久就發生了金融風暴，一夜間本地經濟和全球大環境都受到重創。一九九八年，很多街舖關門大吉，改成賣

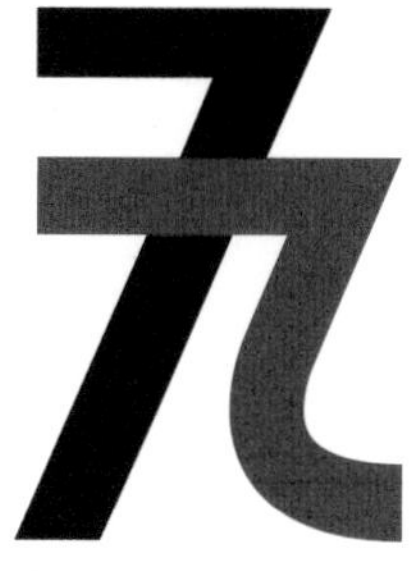

上／　我為陳先生的九七月曆所設計的圖像。　右下／　盈科拓展集團的九七年賀年卡。
一九九七年在香港出現的設計品，百分之九十都和九七有關，有個收藏家朋友曾經很努力收集九七的紀念品，可是不到幾年便放棄，「真的值得收藏的東西其實很少，我看到自己那一堆像廢紙的郵票便想落淚。」他說。

VCD的臨時店舖，市面百業蕭條。記得有時工作太晚，去附近的南洋酒店住宿，一晚才二、三百港元，比搭的士回元朗還便宜。

一九九九年農曆年後，和陳先生去南韓出差。白天沉醉於工作，晚上回到酒店，繼續尋醉——把雪櫃所有含酒精的飲品都喝光。回程時，又是在飛機上，我跟自己說：太舒服了，我還不到三十歲，就要繼續留在這個 comfort zone（舒適圈）裡工作下去嗎？我想轉工！

與錢或工作無關，在 ACDC 很開心，我卻並不滿足。跟從美國回香港的理由一樣，再做十年，也像現在這樣？不行，受不了。

我想探究設計的創造力和可能性，想打開眼界、看得更遠，參與更多不同類型的設計工作。還有，我也想在轉工前放一個長假。

每天忙得天昏地暗，很想背著背囊放空一個月，我決定去西藏旅遊。

辭職後，我開始為旅行做準備。但在每週六早上，我仍習慣買一份《南華早報》，看看 Classified Post 上的市場動態。豈料一則小廣告，竟成為了人生的轉捩點，我轉了一條全新的賽道。

說去西藏，二十多年了，還是去不成。

那些年在漢城出差，電視播放韓國配音版，由鄭伊健飾演的《古惑仔》，到了今天，我們追看《魷魚遊戲》、《黑暗榮耀》，世界輪流轉。

Asia Pacific Edition No. 3 1998

Adobe Magazine

PUBLISHING, DESIGN AND DIGITAL MEDIA

Adobe Illustrator 8.0 is here

Adobe PageMaker doubles as an office worker   Cartoon Network   Q+A and more

inspiration
A SWANK INSPIRATION

The Swank Shop - The Landmark, Ocean Terminal,
Pacific Place, The Peninsula Hotel
A Swank Inspiration - The Landmark, Pacific Place
Swank Studio - The Landmark, The New Face by Sogo
Ballantyne - The Landmark
Emanuel Ungaro - The Landmark
Ermenegildo Zegna - The Landmark, HK Seibu, The Peninsula Hotel
Gentleman Givenchy - The Landmark, HK Seibu, Mitsukoshi,
Matsuzakaya, Ocean Centre
GIEFFEFFE - Canton Place
Gianfranco Ferre - The Landmark, HK Seibu
Kenzo - The Landmark, HK Seibu, Mitsukoshi, Sogo
Plein Sud - The Landmark
Valentino - The Landmark,
The Regent Shopping Arcade
Valentino Miss V - Mitsukoshi
Walter Steiger - HK Seibu
new arrival
spring & summer
collections
THE SWANK SHOP
A SWANK INSPIRATION
SWANK STUDIO

我負責很多 ACDC 的廣告設計，這是比較少曝光的作品。
個人來說，我很喜歡這套 Swank Shop 系列。

LAUREN

北
西
東
南

關於幸福

設計師的外觀，通常比實際年齡年輕十年，而 Alan 是二十年。

一九九九年五月離開 ACDC，當年經常說笑，Alan 比我年長二十年和多我二十年經驗，而我的優勢是多他二十年青春。

二十三年過去，Alan 今年七十三歲，而我覺得他活得好像三十七歲。而我唯一肯定的，是我比當年重了最少二十磅。

雖然沒有一起共事，但我仍視 Alan 為我的老師，甚至是我的師傅。他對設計運籌帷幄，他的生活精緻優雅。最重要的，是他永遠都有一團不滅的火，Alan 絕對是頂級設計師的模範。

在二〇一七年，Alan 獲得 DFA 世界傑出華人設計師獎項，在一個我主持的分享會中，問及設計對生活的幸福感時，他這樣說：「自己擁有的不是最幸福，能做自己所喜歡的事，在生活中學習並累積經驗，再與他人分享便是一種幸福。」

I am imperfectly perfect

in my perfectly imperfect world

—

第四章

將軍澳實驗

CHAPTER FOUR

adM@rt

David Lo
Design Manager

No.8 Chun Ying Street, T.K.O Industrial Estate West
Tseung Kwan O, Hong Kong
Prime No. 2744 9968
Direct Line 2752 3148
Fax 2623 9739
Portable 9181 0841
E-mail davidlwk@admart.com.hk
Website www.admart.com.hk

堆填區的科技

在Classified Post看到AD Marketing聘請設計經理，我以為那就是《蘋果日報》「蘋果」設計破格，工作好像很有挑戰性；加上「經理」好像比較是嚴格、高級的管理職位，我就滿懷期待的去應徵了。

面試時見的是後來的上司楊志超，業內知名的資深創作人，他戴著文青款眉框型眼鏡，說話斯文，並向我詳細解釋工作性質，也是到了那時，我才知道AD Marketing是「蘋果」的新項目，一個以互聯網為主的商貿百貨平台。

「互聯網」、「速銷」在當時都是新名詞，新事物、新公司、新挑戰，對我來說，很吸引。另一個吸引之處，是公司的Creative Director是林振強。中學時沉迷林振強的傻詩和洋蔥頭漫畫，還有他填寫的一系列廣東歌歌詞，能與他共事實在榮幸。

就這樣，我從設計公司來到了傳媒企業。AD Marketing 剛成立，我是志超的副手，負責設計部的運作和管理。當時只有兩個 Art Director，上任後的首要工作是設計公司的標誌。有一天，志超遞給我一張紙，紙上是以鉛筆寫的幾個英文字。他說是肥老闆親手寫的，我們以此來做設計，那就是 adM@rt 的原型。公司也由 AD Marketing 改名為「蘋果速銷」。

同一時間，我們開始招兵買馬。不單是設計部，其他部門也在急速擴張，每天都有人面試見工，每天都有新人上班。在大約一個半月內，我聘請了差不多二十人，協助設計、客戶服務、攝影等工作；而整間公司也由三十多人急增至一兩千人，十分誇張。

蘋果速銷主打電子商貿，顧客通過網絡平台或電話熱線購物。而在「蘋果」娛樂版頭版刊登的廣告，就是產品推廣途徑之一，廣告差不多每天更新，這項工作就由設計部負責。

林振強在公司內地位超然，他不用上班，每天早上都會傳來草稿，以傳真傳達指示，神龍見首不見尾。志超和我則要思考如何將全是「洋蔥頭」的草稿演繹出來。我就像一個影迷般，每天收集和保存他的傳真。（很多年後，我才醒覺當時他的身體可能已經響起警號。）

以前在設計公司是以旁觀者的角度看客戶，現在則是站在客戶的世界看創作，通過設計配合同事的要求去推廣產品。為了從市面上大眾化的產品稿中突圍而出，我在設計上花了很多心思。不過經驗多了，也沒有甚麼難度，最大的困難反而是設計以外的範疇。

一九九九年，寬頻上網剛推出，科網熱潮還在醞釀，更遑論網購，人們用著手機短訊

（SMS）已經很滿足了。電腦網絡只有龜速的「56K」撥號連線，還不時斷線，有時吃完一個杯麵，網頁仍在loading（下載中）。由於網速、銷售和管理無法配合資料即時更新，廣告內容經常出錯。那時娛樂版需在晚上七點印好，下午五點便截稿，要是廣告出了問題，趕不及在截稿前完成，就只能拿舊的版面先應付，一邊印，一邊改，於是會出現這樣的情況：印了三十萬份報紙，頭十萬份用的是前一天的廣告，後二十萬份才是正確的新廣告。

AD MARKETING LIMITED

Urgently seeking very high calibre candidates to fill the following positions: -

Design Manager (Ref: AM-DESMA-SC)

* Must be graduated from T.I., HKPU or equivalents.
* Must possess over 10 years experiences in advertising agencies or design firms.
* Creative and possess excellent portfolio in graphic and advertising.
* Independent, hardworking and able to work under pressure.
* Keen knowledge of Power Mac, system network and softwares.
* Full knowledge of production process from artwork to printing.
* Good interpersonal and supervisory skills.
* Knowledge of media planning is preferable.

Attractive remuneration packages and fringe benefits including annual leave, medical benefits, Provident Fund and Life Insurance will be offered to the suitable candidates.

Interested candidates please apply in STRICT CONFIDENCE with resume and salary expected to: **AD Marketing Ltd., The Personnel Department, No.8 Chun Ying Street, T.K.O. Industrial Estate West, Tseung Kwan O, Hong Kong.** (Please quote the reference no. on the envelope) or fax to **Ms Chan at 2990 7272.**

a.d.@Mart

ad@Mart

d@rt

adM

30天內退貨
原銀奉還
不問理由

全港首創

服務不嫌多 一單都送貨

2275 8888

www.admart.com.hk

adMart

WOW!
WOW!
ad

工欲善其事，必先利其器。肥老闆對所有工具器材都絕不吝嗇，當日建立 adM@rt 的攝影團隊，只是購買第一代的數碼攝影機便用了數十萬；一張照片要分開三次影，R、G、B，像素好像只有 10M 上下，很好笑。

adM@rt

蘋果新搞作開張在即
速銷價再半價益自己友
蘋果速銷隆重開檔　把超值送到上門

50% off

只限2天
6月13-14日

最少購物$150・最多$500・免費送貨

大家有否察覺最近公司多了班人，佢哋就係蘋果日報及壹傳媒集團的新兄弟—— adM@rt 蘋果速銷的同事。呢幾個月佢哋已經默默招兵買馬，密謀搞一檔速銷百貨店，集網上購物和直銷送貨於一身，有姿勢亦有實際。總之，免去中間人剝削，務求靚貨實價，仲送埋貨上門。

訂購熱線 2275 8888 (朝九晚十)

Rice Cooker

Product

Fans - Box & Standing

Products

一个 chop 或 seal 的東西

其他 Details 請提…

STANDING FAN

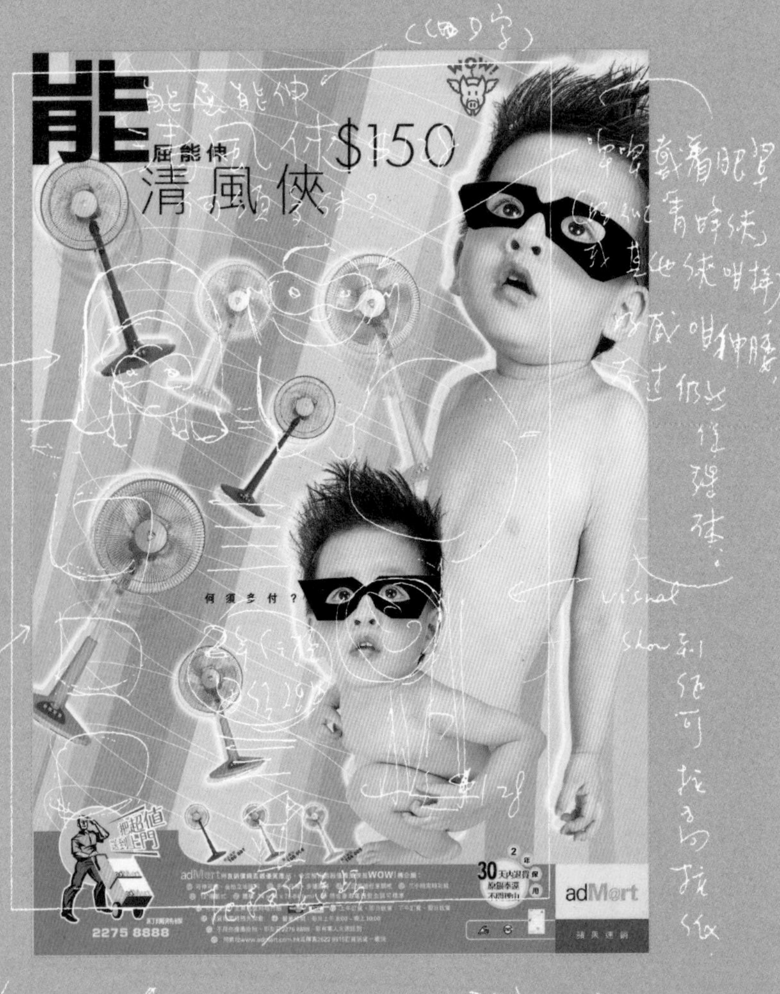

{Same baby with 眼罩，彎低，從自己大髀之間望著鏡頭（或其他「縮埋一嚿」的姿勢）}

正斗
$90
何須多付
把超值送到上門
2275 8888
30天內退貨 原銀奉還 不問理由
2年保用
adMart

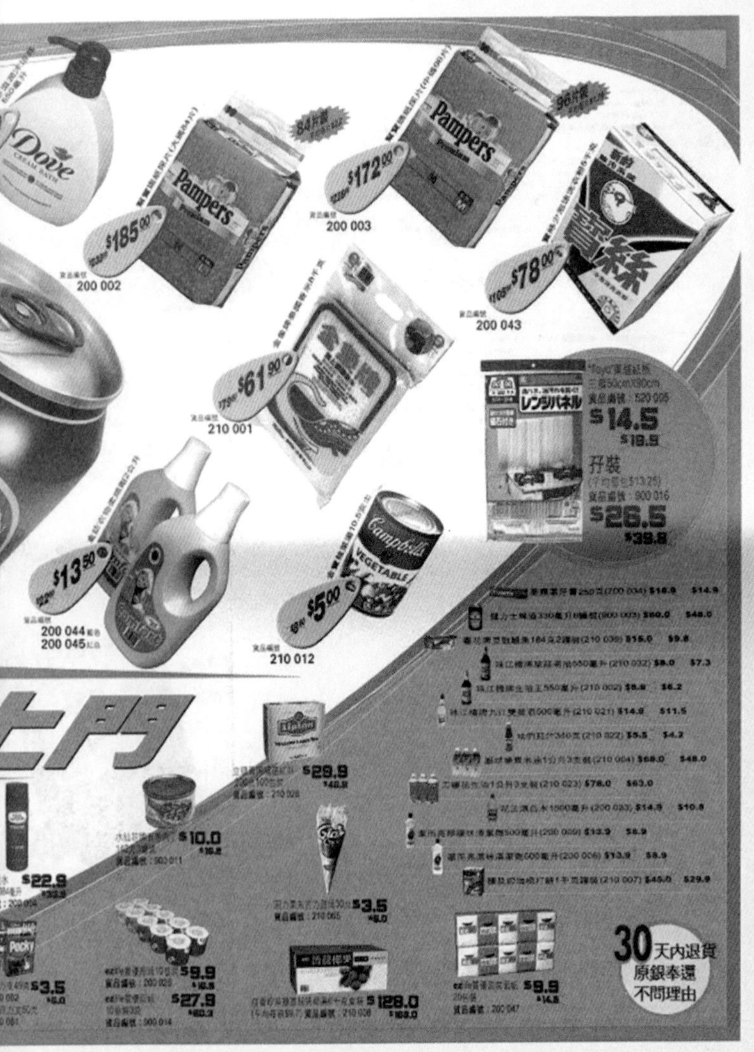

Dove
Pampers
$185.00
200 002
$172.00
200 003
Pampers
$78.00
200 043
$61.90
210 001
$14.5
孖裝
$26.5
$13.50
200 044
200 045
Campbell's
$5.00
210 012
$29.9
$10.0
$22.9
$3.5
$9.9
$27.9
$128.0
$9.9
30天内退貨
原銀奉還
不問理由

adM@rt
蘋果速銷營業時間
上午7時至凌晨1時
訂購熱線 2275 8888
即日晚上10時前訂購 明天送貨
索取傳真訂購表格請致電 2607 8600
填妥訂購表格請傳真至 2623 9615
購物金額
最少為
HK$300
$45.00
210 005
$3.60
201 017
$11.00
210 050
$48.00
210 006
$19.90
210 052
210 053
$10.50
210 048
210 049
6罐裝
$34.20
貨品編號
900 004
喜力啤酒330毫升
$1.90
200 037
$44.00
900 009
一個電話
$29.3
$35.9
$19.9
$105.0
把超值送到上門
$26.9
$18.9
$25.5

沒有不敗的生意

幻想是美麗，現實是殘酷。

入職第一個月就發現這盤生意似乎出了問題，除了網速跟不上，銷售配套也有問題。購物流程以顧客為主導，他們可以支票付款，然而，由於監管技術未成熟，出現了很多漏洞，譬如支票無法兌現。我曾聽聞有顧客買了十幾部電腦，並選擇在街上交收，情節恍如《警訊》裡的騙案，最後支票果然是「彈票」了。

而在人手安排方面，蘋果速銷作為新型網購公司，理應擺脫固有的商業模式，在科網世界尋找新的營商方法，然而肥老闆聘請的管理層全都來自法國大型超市集團，正正是傳統的超市人才，這樣的人手配置真的合適嗎？

在一九九九年，人們買米買汽水時，仍要自己搬搬抬抬，蘋果速銷的出現創造了新風氣。當時米和汽水正是最多人購買的產品。傳統零售市場受到衝擊，使得部份供應商不願向蘋果速

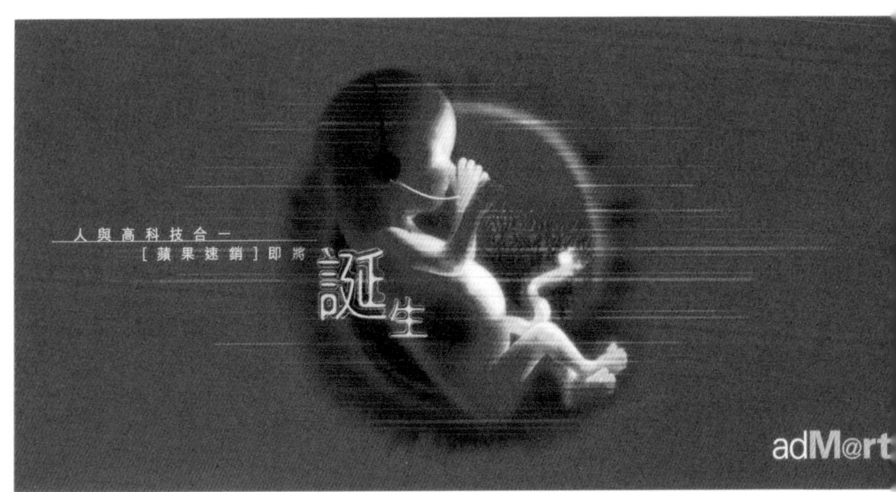
人與高科技合一
[蘋果速銷]即將
誕生
adM@rt

訂購毋須信用卡・佢都買得
Anyone can order • With or without credit cards
adM@rt
訂購熱線
2275 8888
2275 8888
2607 8600
2623 9615
adM@rt

銷供貨，於是有些同事窮則變，變則通，開始用盡一切辦法尋找其他牌子，甚至以水貨代替，這對公司發展又是另一重打擊。產品種類越來越多，也越來越無厘頭，有甚麼賣甚麼，沒有任何準則：拖鞋、電腦、教科書……還做起了旅行社，更有同事因賣假酒被捕。

蘋果速銷的定義是甚麼呢？沒有人說得出來。

短短幾個月，蘋果速銷已經沒有了創業時的拼勁，連守業也十分艱難。每天錯漏百出：落錯單、機器壞、送錯貨，甚麼古靈精怪的問題都會出現。娛樂版頭版曾出現經典一幕：一個大大的「醜」字，還是林振強想出來的。（我也很用心處理這個「醜」字。）

第一二次刊登道歉啟事時，人們覺得：這間公司很有承擔，勇於認錯，但當道歉成為常事，那就變成問題：不斷出錯，「醜」字變成常態，生意要怎樣維持呢？看不到的未來。

速銷的生意裡外受敵，加上人多意見多，大家對品牌、對設計的要求越來越低，出位的廣告已經不能產生效力，手上的產品稿開始和大型超市的廣告稿沒多大分別。一開始覺得很有挑戰性、很好玩的工作，不用半年，已經讓大家感到無趣、感到洩氣。

有一次，我想讓版面有多一點留白，這樣更好看。沒想到肥老闆直接到來，將整份廣告稿丟在我檯面，說：「我們不是做藝術。」

是，我們不是做藝術，但設計也要基本的美感啊！如果只追求畫面豐富、爆花、大大一隻

C1 娛樂名人 蘋果日報

「阿燦」轉戰吉隆坡斬叉燒 詳刊C2

醜

我們以為已做足了準備工夫才開幕，但「事實」勝過「以為」。你興高采烈來電光顧，我們的系統，昨天卻全面癱瘓了。今天我們無法為你服務，需要休市一日，把出了亂子的搞好。你來捧場，我們卻離場，——即使只是短短的廿四小時，也是罪無可恕。因為，我們令到你不便。你絕對有理由懷疑我們的服務水準，但希望你多給一次機會，廿四小時後，讓我們再次為你服務。今天，請接受我們衷心的道歉。明天，光顧也好，罵醒我們也好，希望再次聽見你的聲音。預先謝謝你。

註：[蘋果速銷] 今天休市，暫不接新單，但舊單照送。

另由6月29日起，[蘋果速銷] 將一連四週，逢星期二休市，敬請見諒。

adM@rt

字，那做的人是不是我也沒多大分別。「我們不是做藝術。」對我來說，是一種解脫。

同一時間，很多獵頭公司找我跳槽，工作性質也是做設計開荒牛，但開荒的地點是在4As廣告公司，我相信環境絕對比在速銷有趣，我也沒有想太多便請辭了。

沒多久，蘋果速銷也結業了，據說一年的營運燒了十億港幣。

加入「蘋果」時，整間公司的人都有著這樣的信念：肥老闆是不會失敗的。那時《蘋果日報》和《壹週刊》都很成功，人們迷信肥老闆的不敗神話。事實證明，世上沒有不敗的生意。

[蘋果速銷]
今天休市

adMart

你的安全
我的責任

緊急通告:回收電飯煲

[蘋果速銷]發現本公司所出售的WOW!電飯煲，當底部受到嚴重撞擊時，有可能引起結構損壞而導致過熱情況。為保障消費者安全，[蘋果速銷]決定全部回收WOW!電飯煲。請帶備收條及電飯煲，前往背頁所列指定15間[蘋果速銷]店退貨，我們將以現金原銀奉還。並請接受我們衷心的道歉！

adMart

我們唔掂
令你不便
蘋果速銷
休市一天

[蘋果速銷]今天休市，暫不接新單，但舊單照送。

adMart

十億燃燒

@是上世紀末最新潮的符號，adM@rt（蘋果速銷）的出現，就像是一個顛覆零售業和科網界的炸彈。

人生中最悠閒的時期便是在「蘋果」工作的日子。每天上午十一、二點游泳、健身、焗桑拿，然後工作兩小時，四五點完成當天的廣告稿，再上天台打籃球，之後下班，像度假般輕鬆愉快。

公司位於將軍澳填海區，員工餐廳面向垃圾場，每天吃飯時看著垃圾倒進海裡，臭不可聞；駕車上班時，也要在泥濘的路上飛馳，到現在仍記憶深刻。

在速銷的日子雖短，但是對我有很大啟發。這是一個新行業和新公司，每個同事都來自不同範疇和擁有不同專業。我在他們身上都學到不同東西，特別是「市場」這兩隻字，你走進裡面實戰，所看所得，比理論所學的血肉十倍。

我常說，每個人都是你的老師，至於老師有沒有教導你，或者你認為他有沒有教導你，就是如人飲水，冷暖自知。有些人視工作為工作，不太在意周圍發生了甚麼，但如果你很喜歡一件事，充滿好奇心，願意深入發掘，就能進入另一個領域。

這裡完全是設計以外的世界，很多經歷都和以前不同。在「蘋果」工作了五個多月，就像是上了濃縮版的 MBA 實戰課程，見識了真實的營商世界：從成立公司、招兵買馬，到用十億元來經營一盤零售生意，是我對設計管理的初體驗。

今天回頭看，蘋果速銷彷彿在「倒錢入海」。它的理念可以說是早了接近二十年，太超前了，結果做生意需要的天時、地利、人和、科技，蘋果速銷全都沒有：電腦軟件無法支援、網速無法提升、人才錯配、產品和配套服務完全跟不上，還談甚麼 E-commerce（電子商務？這樣的字眼那時可能還未出現）。這盤生意開始得太早了，現在想想也覺得十分可惜。

雖然蘋果速銷只生存了不到一年，可是香港的零售業和科技界卻因此而加快改革，超市有了免費送貨服務，網速開始改善，網絡購物漸漸普及，真正的電子商務的世界終於出現了。

關於報紙

有時完成了廣告稿，便去八卦其他部門同事是怎樣做報紙的。跟現在的網絡化運作不同，以前的記者做完訪問，還要飛車回來交稿、送相，分秒必爭。

排版房有幾十台電腦同時間運作，設計師排版，記者和編輯不停入字，營業部安排廣告的編排，總編輯負責新聞和內容的順序。各司其職，忙中有序。

我覺得最有氣勢的，就是印刷部（好像外號「盧海鵬」）的車長，當夠鐘開機印刷時，他真的是六親不認，蘋果促銷的廣告時常出現問題，我也時常被他親切的問候。

認識了幾個副刊的同事，我還特別問了有關風月版的問題，究竟風月版裡常出現的名字究竟是誰？

「傻仔，集體創作來的！」他們笑道。

後來認識做傳媒的朋友多了，他們信誓旦旦的說是真有其人。

那個時候應該是報業最盛世，單是我們一份報紙，每日印量便高達 340,000 份。

有幸站在前線，見證當時報紙背後的製作流程，對我來說，是很難得的體驗，也豐富了自己的眼界。

You know you are truly alive **when you're living among lions**

—

第五章

太古坊的天地會

CHAPTER FIVE

—

GREY
CHINA

David Lo
盧永強
Director of Design
設計總監

Grey Advertising Hong Kong Limited
19th Floor, Devon House, Taikoo Place,
979 King's Road, Quarry Bay, Hong Kong.
精英廣告有限公司
香港鰂魚涌英皇道979號太古坊德宏大廈19樓
Direct Tel 直線電話：(852) 2510 6856
Tel 電話：(852) 2510 6888
Fax 傳真：(852) 2510 7559
E-mail 電子郵件：dalo@grey.com.hk

聽講你轉咗工？

- 係！我會去 GREY 開設計部。

諗清楚未？ AGENCY 邊有設計做？

- AGENCY 做設計有乜問題？

廣告公司嘅設計係 BELOW THE LINE，
即係別「撈」THE LINE，邊有得發揮。

**- 可能……個個都話無得「撈」，
咁先有發揮空間。**

1905

從蘋果速銷辭職不到幾天，便去了新公司上班。那是香港廣告界排名第五位的 4As 廣告公司 GREY Advertising（精英廣告公司）。他們希望成立新的設計部。

面試時，主席 Vivecca Chan 說：「我們的設計工作一直由廣告部負責，設計部就由你開始吧。」

廣告公司都把創作分為上線（Above The Line）和下線（Below The Line）。上線主要做媒體策劃的工作，例如電視、收音機和報紙廣告等。下線則是處理平面設計，例如標誌、宣傳冊、海報及 POSM（Points Of Sales Materials，輔助銷售材料）等。

上線通常由 Art Director 加 Copywriter 組成，前者處理影像，後者負責文字。一般而言，他們也會處理下線工作，但是遇上大量下線工作時，廣告公司通常會把工作外判。

GREY 看到了當中的機遇：下線市場需求越來越大，如果建立一個獨立的設計團隊，專門負責下線設計，甚至更專門的品牌策劃，就能為客戶提供完整的「一條龍」整合媒體服務，既可帶來額外生意額，也能進一步提升公司形象。

我在工業學院認識設計，在 BGX 體驗設計，在休士頓大學學習設計，在陳先生公司實習設計，在 adM@rt 的客戶端做設計，再下一步，我想營運設計。

我的新設計部：GREY Design，不再是基本的設計支援，而是定位為 Brand Consultancy，認真地做品牌設計。

設計總監（Design Director）是從未在 GREY 出現過的職位，GREY Design 也是公司從未出現過的部門。開始時，這個新部門只有我一個人，洽談生意、構思設計、向客戶提案，全都一手包辦。

一人部門遇著科網潮，基本上是二十四小時運作。當時找 GREY 設計的工作多得不得了。

經過三個月的衝刺後，我開始聘請人手，第一個同事是從 adM@rt 那邊

那時候也有一家科網公司向我招手，做一個 Communication Director。
我問他公司其實是做甚麼的？「我們希望做靚盤數，盡快上市。」

挖過來的 Louis，他是我在 GREY 聘請的第一個 Art Director。同一時間，正稿製作部門 Whizzbangart 的主管離職。

主席說：「反正你也要請人做稿，不如交給你管吧。」我便順理成章接手了這個二十多人的部門。

Whizzbangart 的名字和概念源自 GREY 在澳洲的設計公司，我覺得它的名字太冗長，誰也記不了。不如將它簡化，最後取了一個新名字：Wba。改名字還有另一個作用：轉型。我順勢把 Wba 轉成品牌設計，功能上獨立營運，既可以自己接生意，在 GREY 需要時，也能提供支援。

Wba 有設計、正稿製作、客戶服務和印刷製作四個部門，高峰時期有二十八位員工。

whizzbangart

Whizzbangart

Designers' Business

新公司，面對第一個問題，哪裡找生意呢？

知己知彼，首先要做的事，就是確定公司的位置和優勝的地方。

這是當時我寫給自己的便條，應該是人生第一份 business plan：

一，設計風格　・實效、簡潔、創新

二，目標客戶　・企業客戶，如房地產和金融機構。

三，**4As** 公司的品牌優勢　・跨國公司背景

四，**GREY** 能給予的支援　・會計和行政等

千萬不要少看第四項，你會節省很多時間和資源。

想好定位後，也要思考一下如何運作，

綜合自己的經驗，我認為有兩種基本模式：

① Design style – clean minimal creative!
② Target clients < corporate clients / PE? FC? Cultural?
③ 4As' value – global/regional support.
④ GREY → Admin / Accounting?

一、Designers' Business

公司以獨特的創意或以星級設計師作品牌來招攬生意，希望憑藉設計風格和設計師才華吸引客戶。像 Landor Associates、Alan Chan Design 或 Steiner & Co. 一類公司，客戶找尋的是一個設計方案。

二、Design Business

公司以提供設計服務為目標，負責人可能是專業的管理人，甚至沒有設計背景。公司不太需要營造強烈的設計風格，反而著重提供功能性的設計方案。很多附設設計的製作公司，或是提供設計服務的印刷公司就是這一類，客戶找的只是一個解決方法。

這兩類公司在市場上都沒有太大抵觸，因為各有各自的市場定位和客戶群。

Wba 當然是以 Designers' Business 為基礎，擁有 4As 背景，以新品牌顧問的形象出現市場。我們並不局限於平面設計，反而是推廣全面的品牌和創意方案。

起步初期，閉門羹吃了不少，但是熟習了這個戰鬥模式後，便沒有甚麼可以難到你了。那時候社會經濟穩定，基本上你肯努力去找，總有幾個給你遇上。

設計工作從少量開始，慢慢累積，有些項目完成後，客戶滿意，也漸漸成為常客。當中有一個客戶更服務了二十多年，已經成為老朋友了。

我喜歡做設計，也發現很有興趣做管理。

在 **Wba** 起步初段，其中比較重要的項目是競投當時新落成的澳門旅遊塔，我和 **GREY** 的另一家子公司 **FREEWAY** 一起提案，最後我的設計部份獲選，這個項目為 **Wba** 打下穩固的發展基礎。

由於選擇客戶的自由度很大，我可以找一些自己喜歡和有趣的工作。初期的客戶港基銀行和点点紅拍賣網站廣告也很好玩；另外，為 **CASTROL**（加實多）設計全中國的店面系統也是很滿意的項目。

Wba 的工作和質量也成正比，單是二〇〇三年便贏得接近五十個本地及國際設計獎項，令到 **GREY** 在 ***media*** 的亞洲排名升至第五。

因為 **Viveca** 的中文名叫陳一枬（音南），我時常笑說公司是「天地會」，**Wba** 為「青木堂」。技術上，我每年只需與她見面三次，一次是公司年底結算，一次是文武廟還神，還有是正月開年拜神，其他時間無事不相見，我和團隊就躲在 **1905** 室打拼。

我在為 Wba 打拼的時候，廣告部那邊也在打 IDD 大戰，殺價超人和香港電訊殺得天昏地暗。同事們三天拍完一條廣告片，我相信真的只有香港能夠做到，大衛真的可以技術擊倒巨人歌莉婭。

CONVENTION & ENTERTAINMENT CENTRE
LOCATION
THE TOWER
RESTAURANTS
ENTERTAINMENT
CONVENTIONS AND FUNCTIONS
EXHIBITION HALL
MACAU TOWER
MACAU TOWER
MACAU TOWER

PRIVATE FUNCTIONS
360 cafe
Live at the TOP of the tower
MACAU TOWER
CARAVEL
SHOPPING
SKY WALK
THEATRE

THE GRAND OPENING
MACAU TOWER
Macau Tower
Convention & Entertainment Centre
Ernie Lee

180
Lounge

澳門旅遊塔會展娛樂中心三樓
澳門觀光塔前地
180 Lounge
T +853 9888 700
F +853 968 303
Macau Tower
Convention & Entertainment Centre
Level 3, Largo da Torre de Macau, Macau
180
Lounge

Lounge
Lounge
Macau Tower
933339

360 cafe

C4FE ON FOUR

幻海奇情

自工作以來，每次出門填外國入境表時，在 Occupation 一欄，我都是很自然地填上 Designer。

在 Wba 工作了一年後，和一些客戶熟絡了，有時候談預算、談價錢，他們都會不經意問我：「你是設計總監，你上面還有老闆啊？老闆是誰啊？」

Viveca 當然是我的老闆，但是這句話的意思是：和你設計師商量不算數，要「話事人」來開會才可以。

People really do judge a book by its cover.

設計營商，設計力固然重要，然而香港的環境又比較特殊，有些客戶總是覺得老闆才能說了算。

相對剛出道便自封創作總監的今天，舊世界的職場對稱呼是比較務實的。

認識一些老闆朋友更十分低調，就算開了公司，對外也喜歡稱自己是 Account Manager 或者 Senior Designer，刻意隱瞞自己的老闆身份，以便爭取更多議價空間。雖然有點蠱惑，但也是營商的方法。

既然 Wba 由我管理，我又不想行蠱惑，所以我需要轉個職銜，要升職。

我去找 Andrew，我們的 Managing Director。

「我想轉 title（職位）。」

「轉乜?」Andrew 問。

「GM，General Manager。」

他用那種扮憂鬱的眼神看著我。

想了一會，再深深的抽了一口煙。

「OK。」

整個過程不到一分鐘，有點像今日改個網名的感覺，我便從設計總監變成總經理。看似兒戲，其實 Andrew 也明白我有此工作需要，還有一點，我也名正言順地成為天地會的香主。

david lo *General Manager*
mobile 9131 7802

Wba

direct
852 2510 6856

whizzbangart hong kong ltd.
1905 devon house taikoo place quarry bay hong kong
fax 852 2887 5186 email dalo@wbahk.com
www.wbahk.com

a grey global group inc. company

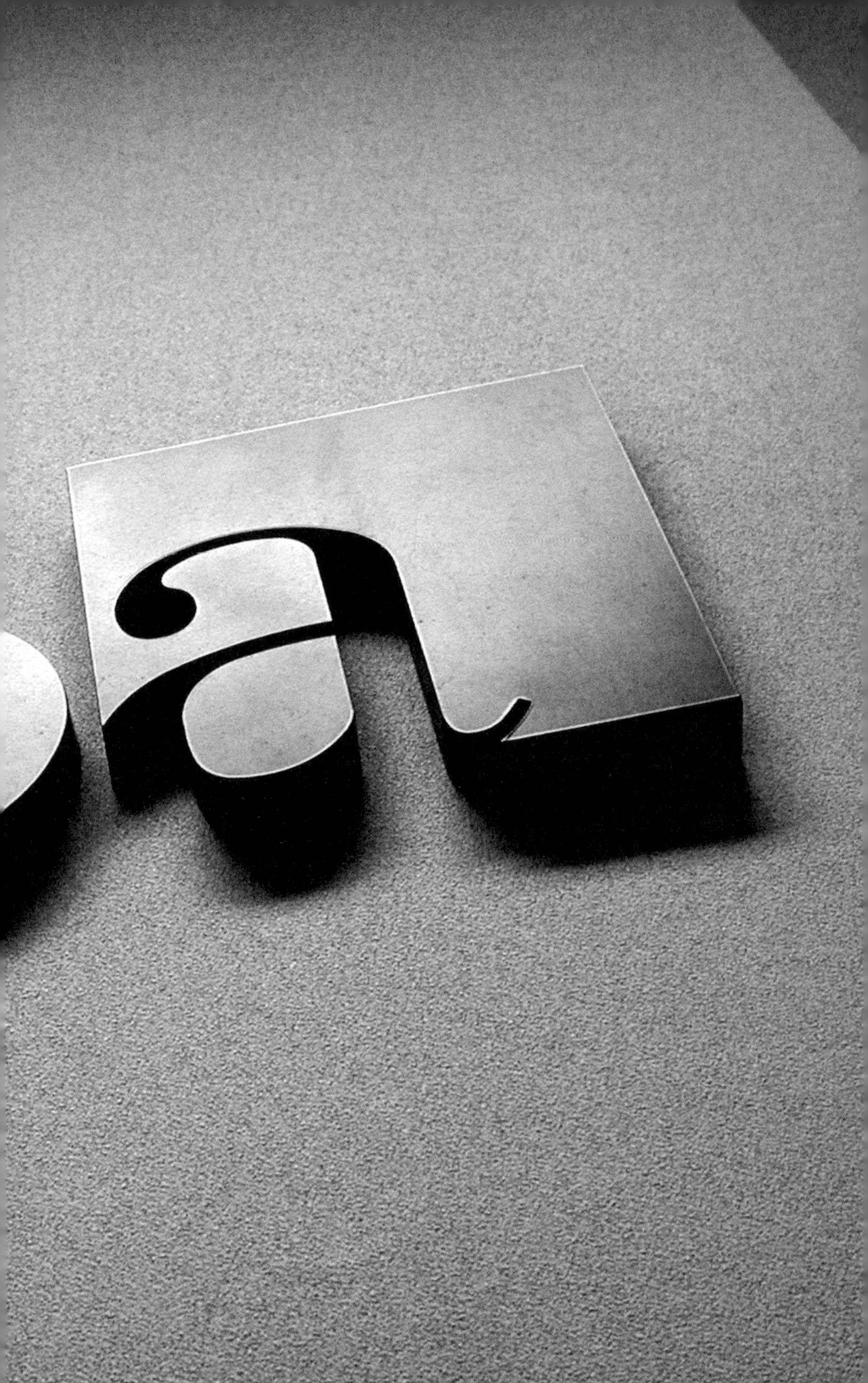

Wba

jimmy pong senior production executive
mobile 9372 6191

direct 852 2510 6840
whizzbangart hong kong ltd.
1905 devon house taikoo place
979 king's road quarry bay hong kong
fax 852 2887 5186 email jjpong@wbahk.com
www.wbahk.com

a grey global group inc. company

Wba

vincent chiu production executive
mobile 9807 5016

direct 852 2510 6824
whizzbangart hong kong ltd.
1905 devon house taikoo place
979 king's road quarry bay hong kong
fax 852 2887 5186 email vichiu@wbahk.com
www.wbahk.com

a grey global group inc. company

Wba
manfred chung
direct
852 2510 6668
whizzbangart hong kong ltd
1905 devon house taikoo place
979 king's road quarry bay hong kong
fax 852 2887 5186 email
www.wbahk.com
a grey global group inc. company

Wba
david lo
mobile 9131 7892
direct
852 2510 6856
whizzbangart hong kong ltd
1905 devon house taikoo place
979 king's road quarry bay hong kong
fax 852 2887 5186 email
www.wbahk.com
a grey global group inc. company

Wba
ken yau production executive
mobile 9196 4417
direct
852 2510
whizzbangart hong kong ltd
1905 devon house taikoo place
979 king's road quarry bay
fax 852 2887 5186 email
www.wbahk.com
a grey global group inc. company

6796
wbahk.com

designer
852 2510 6782
whizzbangart hong kong ltd
1905 devon house taikoo place
979 king's road quarry bay hong kong
fax 852 2887 5186 email chchan2@wbahk.com
www.wbahk.com
a grey global group inc. company

assistant studio manager
6658

chick
mobile

Wba

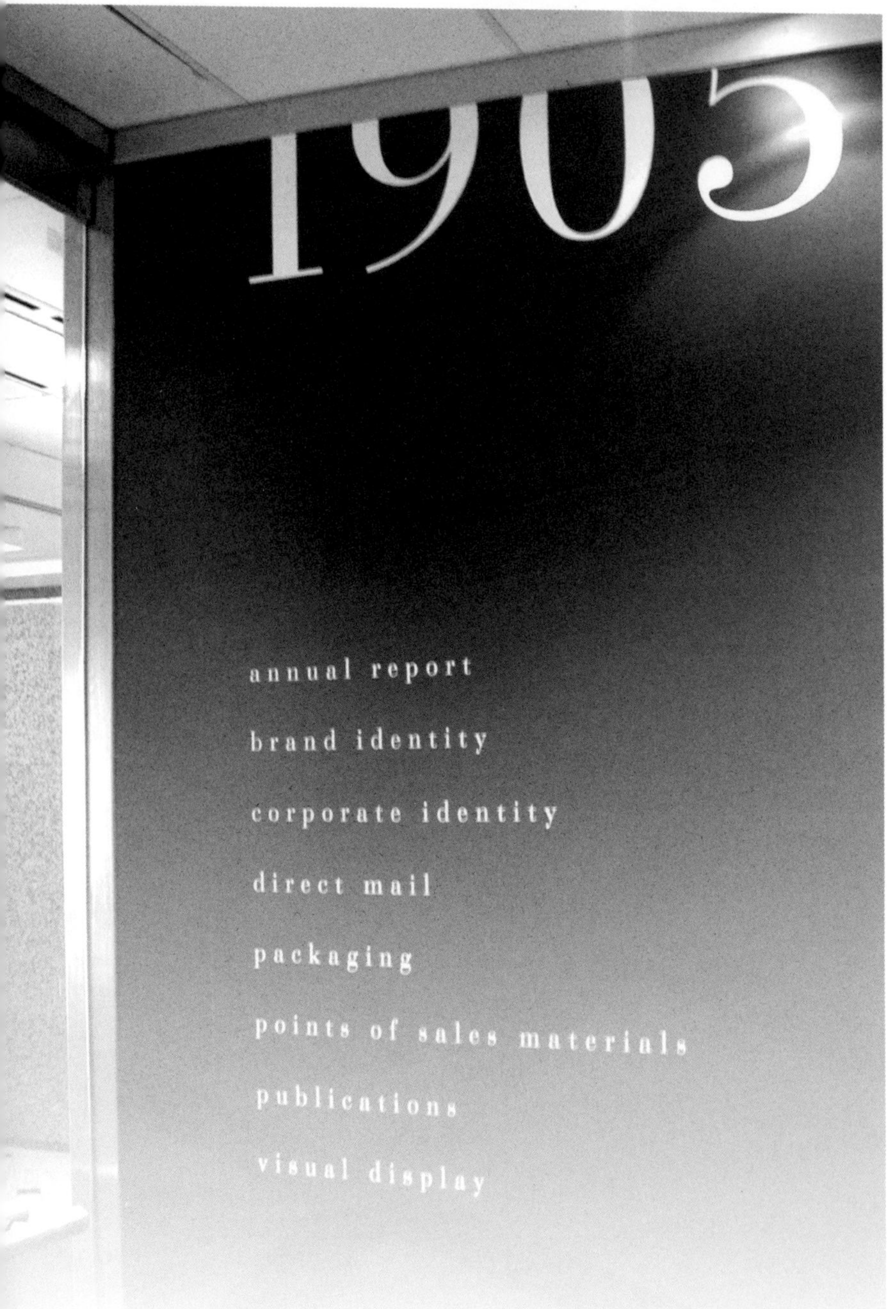

1905

annual report

brand identity

corporate identity

direct mail

packaging

points of sales materials

publications

visual display

Men

Women

03

ACKNOWLEDGEMENTS

Colour Separation   CMYK Dimplec Limited

Printing   Suncolor Printing Company Limited

Cover Stock   Sappi Fine Paper Limited - Proma Fann Bazzo 250gsm

Tracing Paper   Antalis Hong Kong Limited - Canson Tracing 110gsm 90gsm

Text Paper   Antalis Hong Kong Limited - Zanders Mohn Symbol Matt White 170gsm

WHIZZUP!

02

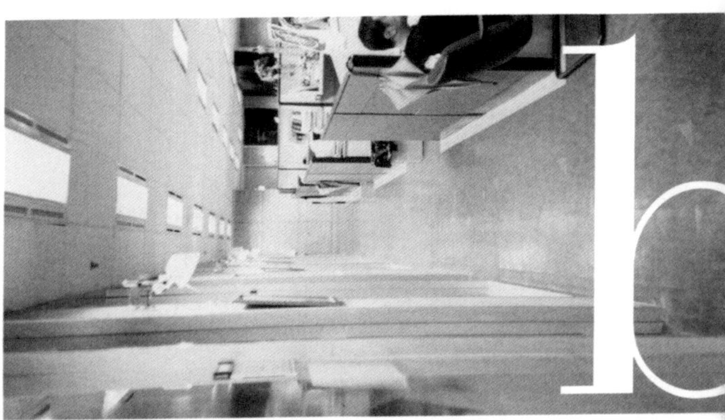

FACT

What is Whizzbangart?
Companies today need to manage mountains of challenges to stand out from the crowd, and it has become harder and harder when a saturation of similar businesses arise in the community. With this, we are here to provide our customers the best design solutions and consultation to the road of success. We are the problem-solver, helping in tackling to the spotlight of the crowd with colors and ideas; and most important of all, remaining in-focused with the market as well as its conjunction to art and design.

Headlights On - Wba
Banged with colors, innovation, enthusiasm and experience, we lay our talent in delivering effective communication solutions to our customers. Apart from receiving merits in handling printed communication campaigns, we are also recognised for our active promotion and support to the communication industry. Given all the strengths in our leading position, our work flickers with the honorable grant of support from the Grey Worldwide Group, in resources and all other ways from a major agency network.

Getting to the Core
With the objective in building unique identity to our client's businesses, we turn ideas, symbols and slogans to an impression, an image, moreover, a signature. We look things from different angles and generate possibilities with our hands. Be ready to get astonned by the magic that flows in our work and the flying colors of our passion and creativity.

Expertising in Visual Communication
* Corporate Identity
* Brand Identity
* Annual Report & Corporate Profile
* Publications
* Presentation Kits
* Point of Sales Materials
* Direct Mail
* Packaging
* Window Display

Whoosh and Bangs
With our award-winning team, our fast growing design concepts, and the diversity in our specialization and capabilities, we have the know-how and answers to the breakthrough of different businesses. Hip, hop and run, we are here as the lamp-post, guiding footsteps in pace with the trend in this era of communication.

GREY STRUCTURE

WBA GW GREY GLOBAL GROUP GI BI MC GD

WBA whizzbangart GW grey worldwide GI grey interactive MC mediacom BI beyond interactive GD grey direct

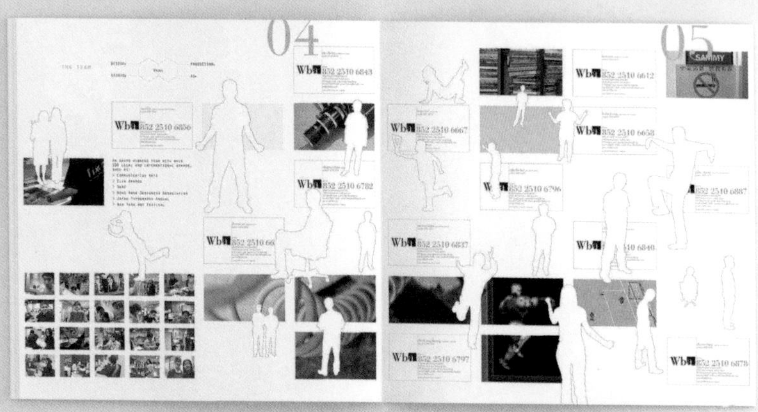
04
05
SAMMY

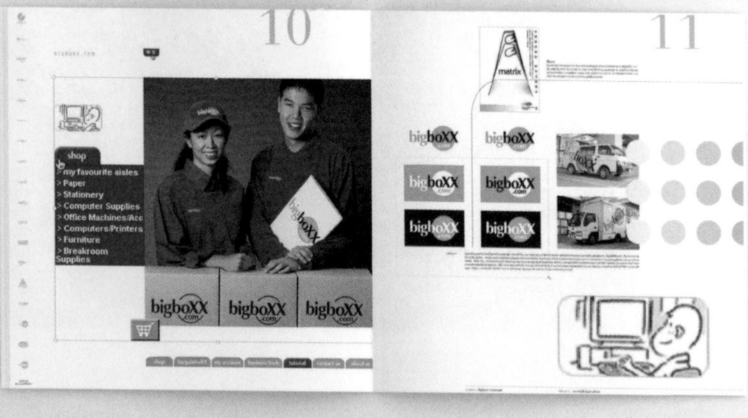
10
11
shop
> my favourite aisles
> Paper
> Stationery
> Computer Supplies
> Office Machines/Acc
> Computers/Printers
> Furniture
> Breakroom Supplies
bigboXX.com
matrix

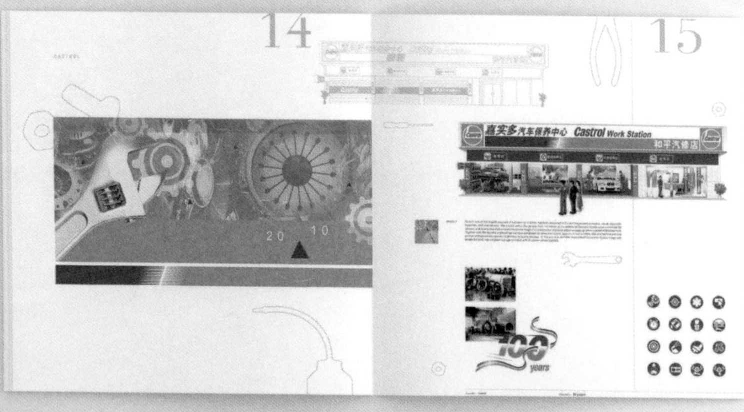
14
15
20 10
嘉实多汽车保养中心 Castrol Work Station
和平汽修店
100 years

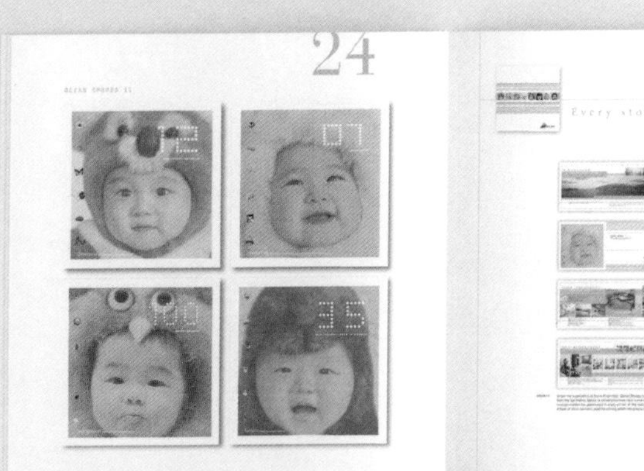

24
25
Every story has beginning

18
19
Ribena
全新
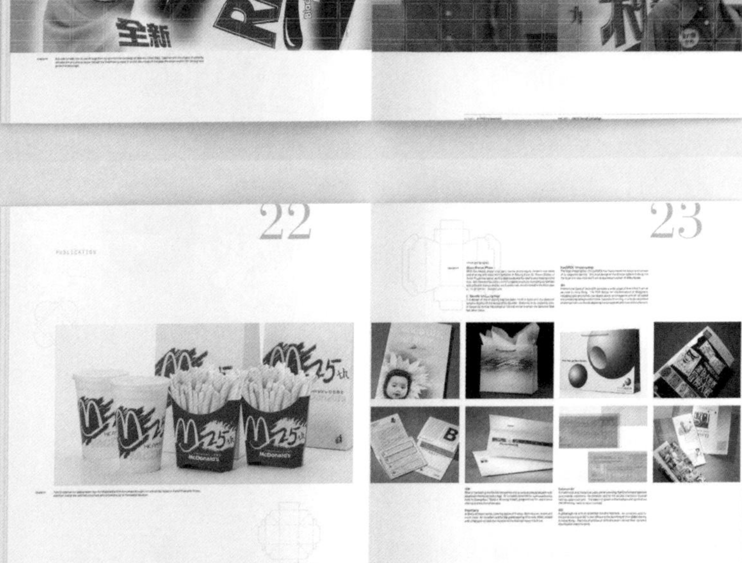
22
23
PUBLICATION
McDonald's

電子商貿的專業知識

ess Expertise

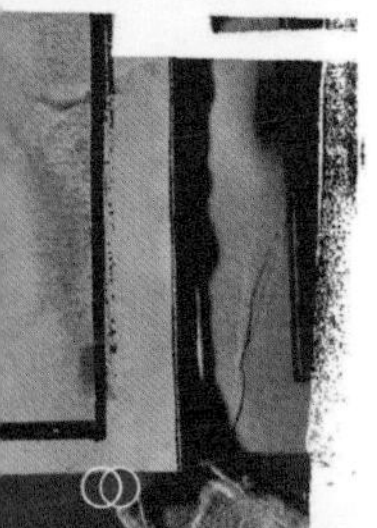

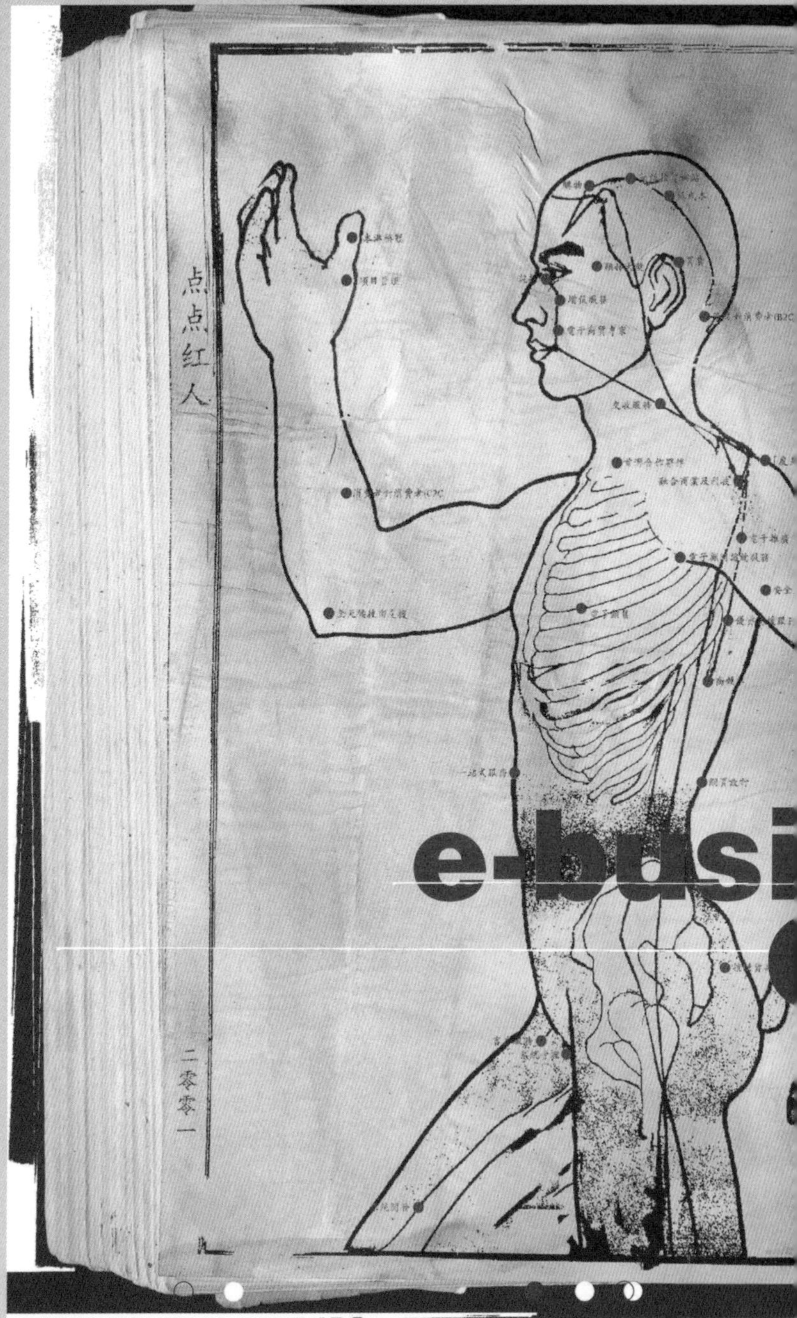

点点红人
二零零一
e-busi

原本這是 **Rado** 香港的廣告，後來總公司很喜歡，最後變成全球通用。最開心應該是這位男模特兒，突然間收了頂級 **royalty**。

王道與黑道

GREY在太古坊德宏大廈十九樓全層，樓上樓下還有兩家廣告公司，雖然同行如敵國，但是廣告業流動率高，別家公司撞口撞面都是認識的，也好像沒有甚麼大不了的。只是有時在同一天為同一個客戶提案，出門時在電梯碰到，那種氣氛就有點詭異。

廣告人都是性格巨星，二百多人混在一起走在生活最前線，那種感覺就像一個住著不同飛禽走獸的大森林，熱鬧非常。

林內生活看似多彩多姿，實則比其他行業都來得殘酷和現實。因為廣告圈是能力場，大家都奉行森林定律：弱肉強食，適者生存。

由於競爭激烈，廣告人的存活率相對較其他行業低，如果你在一個地方工作三至五年後，又未能達到理想的位置，或是不幸地跟著一個無用的大佬，你便會很自然地被淘汰或被歸納為「白兵」，原地踏步或繼續遊走各大公司等待機會。

話雖如此，每個人在廣告公司都會找到自己的位置，你可以做一個快樂的 Art Director 或是一個永遠的 Associate Creative Director。但是你想提升至另一個高度，便必須要以另一種心態來經營自己，經營你的品牌，相信這個就是 Dom 哥所說的社會法則了。

廣告公司的社會法則沒有一個定律，只是在森林待得久了，在我眼中有兩種人會特別容易成功，我稱他們為王道和黑道。

王道廣告人，他們在工作上都有以下的特質：有幽默感、創作能力高、觸覺敏銳、分析力強、愛挑戰難度，勇於承擔錯誤和有責任感。簡單來說，他們對工作有一份發自內心的熱誠，不出幾年便會拋離其他對手，爬到一定高度。

黑道廣告人，多數是厚黑專家，創意或辦事能力普通，懷疑心重，愛設定假想敵，喜歡僱用辦事能力低的人。心思時間都用在吹捧上司和推敲客戶想法，善於利用捷徑完成工作，就算過程有點不擇手段。

王道講程序，黑道講手段。兩種方式都是殊途同歸，目標為本。

王、黑之外，還有一種叫「運」。留意一下，每間 **4As** 都必定有一個目不識丁、自以為是的高層，這是一個除了好「運」之外，便不能解釋的超自然現象。

廣告人特別迷信，我們每年除了去兩次文武廟之外，也愛看風水。風水師傅好似醫生巡房一樣，每間房企企望望，交代幾句，例如放塊紅布在書檯上，或是窗簾不要常開等等，這樣就每位五百大元了。但求心安，大家都樂意奉獻。

設計營商

廣告是一門生意，設計部和其他部門並沒有分別，Wba每年都要到數，即是要確保達到預期的生意額；同時，也要拿到一定質素的獎項。所以一定要懂得怎樣管理設計，特別是廣告公司裡的設計公司。

我時常以工作空間做比喻：

設計師初出茅廬時，只需要管理好自己工作檯上的東西；當成為Art Director，有下屬了，則要管理其他設計師的工作檯。到了成為Creative Director後，就要管理自己團隊的工作檯。

最後，成為Executive Creative Director，甚至自己做老闆後，基本上每一張工作檯都要你負責。此外，還要管理收入支出等各種數字，這時你的行政管理能力、生意頭腦等設計以外的因素，將會左右你的事業和往後的發展。

設計管理在需要創意、責任感、勇於嘗試之外，最重要的是：放手。

放手的意思：有空間給你的下屬、聆聽你的下屬，建立良好的溝通渠道。

設計是主觀的，要讓設計師明白你的想法、你的方向，一定要經過長時間的磨合和討論。當大家對美學、對設計達到一定的共識和期望，便能事半功倍，整個團隊都有更大的發展空間。

我是一個很主觀的人，做了管理之後，反而話說多了，以及能比較客觀分析事物。因為我時常記著，設計的世界很大，設計以外的世界更大這個道理。

二〇〇三年「沙士」爆發，全香港市民第一次搶口罩。很快所有工作都暫停了，我仍是每天上班，在公司百無聊賴地玩飛鏢，一玩就是兩個月。

「沙士」二月中爆發，四月 **GREY** 開始裁員，**Viveca** 不知道是認真地還是開玩笑：「再這樣下去，我們再過幾個月就要倒閉了。」原來香港的經濟是十分脆弱的，**4As** 公司並不是大家想像中那麼穩健。幸好「沙士」來得快也走得快，六月時香港已經恢復過來。

那段疫情歲月，我除了飛鏢技術大躍進之外，也有靜靜地思考人生。我開始覺得納悶，心裡想著轉轉環境。疫情後，有些公司過來挖角，他們都想我幫他們開一間像 Wba 的公司。

「這樣不是又再重複自己嗎？」

又過了兩年，在二〇〇五年，GREY 被當時全世界最大的廣告公司 WPP 收購了，很多同事醞釀另起爐灶。

「不如一起走吧？」

「再搞一間公司，也是和現在一樣，很悶，不了。」我說。

沒多久，同事們便相繼離開，公司氣氛變得跟以前不一樣，當然也就更沉悶了。

我開始尋找新的發展路向，期間又拒絕了幾家公司的邀請。最後發現，是時候了，我想經營自己的設計公司。創業之前，我想趁這個機會嘗試一些截然不同的工作。於是我給自己一年時間，探索一個全新領域。

Residence Bel-Air

ISLAND SOUTH

Residence Bel-Air

貝沙灣

STYLE BOOK

City Living in Island South

Bel-Air

RESIDENCE

BEL-AIR

WHAT ARE YOU
DOING THE REST
OF YOUR LIFE?

Fine Arts Club

貝沙灣

Collection acquired from Sotheby's

Works acquired from Christie's

International gallery of paintings

Objets d'art from around the world

Exquisite tapestry & calligraphy

Bel-Air
BEL-AIR OWNER'S HANDBOOK
Bel-Air
THE DREAM BOOK
Best of Both Worlds
GOURMET CLUB

BEL-AIR No.8
LE NOUVEAU PARFUM DE BEL-AIR
B
A

Bel-Air

樓書史上最貴——貝沙灣

讀閱諗貝沙灣個示範單位，如果你唔係VIP的話，睇示範單位的時候只會獲派發一本好似雜誌一樣的樓書，但係其實呢本只係平裝版，據聞電盈好落本咁搵人印一千本豪裝版樓書，每本成本過五百大元，專係派發俾VIP客人。據行內人講，呢本樓書相信係香港史上最貴的一本，淨係裡面分別以「社區」、「生活方式」及「夢想」作主題的三冊硬皮樓書，已經知道重量十足。其實，講開又講，近排推出市場的豪宅，好似西叔同形叔合作發展的麥當勞道十一號豪宅盤，本樓書的成本都要兩張「紅衫魚」，可見發展商之間競爭有幾激烈。

■貝沙灣最新樓書每本成本逾五百大元

貝沙灣是香港廣告史上其中一個最重要的案例，除了預算驚人之外，它更給予豪宅一個全新的定義。貝沙灣在二〇〇三年開賣，二十年後的今天，我肯定它在香港還是數一數二的最優質房地產，這本史上最貴的樓書絕對不是浪得虛名。

在中國內地設計

二〇〇一年，Wba 獲選為全中國十大設計公司之一，我代表 GREY 前往北京的人民大會堂領獎。

GREY 在北京、上海、廣州都有分公司，任何地方需要設計服務，Wba 都會立即支援；加上我們在內地也有自己的客戶，自千禧年後，我不時也需要北上。

我比較早前往中國內地的，一九八六年時，我這個一句普通話也不懂的香港仔，傻傻的拿著背包去北京旅行。我入住華僑大廈，和一班不同國籍的年輕人參加了很「行貨」的當地旅行團，沿途雞同鴨講，登長城、遊故宮，十分難忘。

那時候我所看見的，是一個樸實的首都，是還有午睡時間的。當年我印象最深的，是在一間擠滿三十幾人的小房間裡觀看世界盃決賽，在煙霧瀰漫中體驗民生，大家一邊抽著「樂富門」和「中華牌」，一邊觀看路明尼加決戰馬勒當拿。

一九八九，一切又變得陌生遙遠。

十五年後，在北京公幹，站在東方廣場的辦公室窗旁，看見的又是另一番景象。這是一個經濟全速開動，充滿活力的地方，我的心裡交織著複雜的情緒。

千禧年時，北上的香港設計師還有很大的優勢，工作之外，我們就像一道橋樑，運用香港獨特的文化背景，以設計創意將東西方文化連接起來。嚴格來說，香港設計師自八十年代開始，已經默默地推動內地的創意工業發展。

隨著中國市場逐漸開放和項目規模日益擴大，內地的設計工業由初期的模仿到創造，再找到自己的方向和位置，繼而開創獨特的設計風格。今天不少內地的設計師已是國際級數，有一些更建立自己的設計品牌。在一些特定範疇，例如書籍設計和 Digital Marketing，內地設計師更站於世界的前列位置。

過往香港設計師在內地的優勢，例如兩文三語和獨特的國際觀等，在今天已經不是賣點。很多人喜歡懷緬過去，做設計的，最重要是前瞻創新，故步自封只會令我們更加落後。再者，內地的客戶其實比大家想像中成熟，他們選取設計師時，除了兩岸三地之外，還會刻意找一些外國的設計公司來處理，他們很早已經有很強的世界觀了。

那香港設計師在內地還有優勢嗎？

其實我們身處香港這個城市，應做好自己，磨練自己；內地有市場，世界也有市場，做好一個香港的國際設計師，這不就是我們幾十年來都在做，一直都擁有的優勢嗎？

人在哪裡，設計就在哪裡。

設計與社會意識

Design and Social-ness

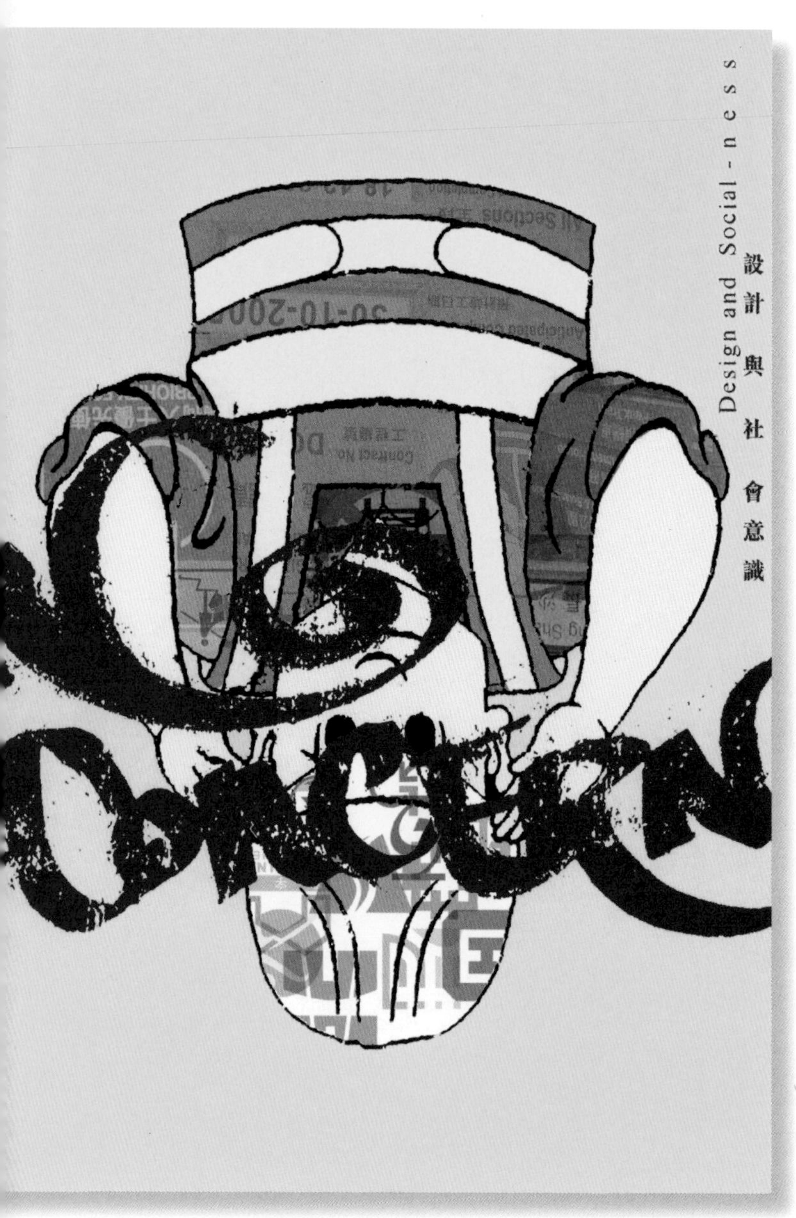

為了慶祝馬年，我們設計了一本香港馬經，內容是所有在香港關於馬的視覺形象。這本書是我送給客戶的新年禮物，以感謝他們的支持。

8
9
10
君再來
歡迎時租
24小時營業
CITY NIGHT C
漢城餅屋
金像獎
KING LAM NIGHT CLUB
18
Jul
2002
馬經
Horsey
Bible

馬
18
may
june
horse
october
GO
HORSE
December 1
Wba

january
Horse
feburary
Marsh Road
馬師道
july
august
black
馬經
Horsey Table

是視覺理基的體現　亦是情感的演繹

深厚的質感，牽動了你的視覺與觸摸；
紙上的美與靜，亦是腦海中的觸與動。

Don't just feel it, see it and experience its distinctive visual texture.

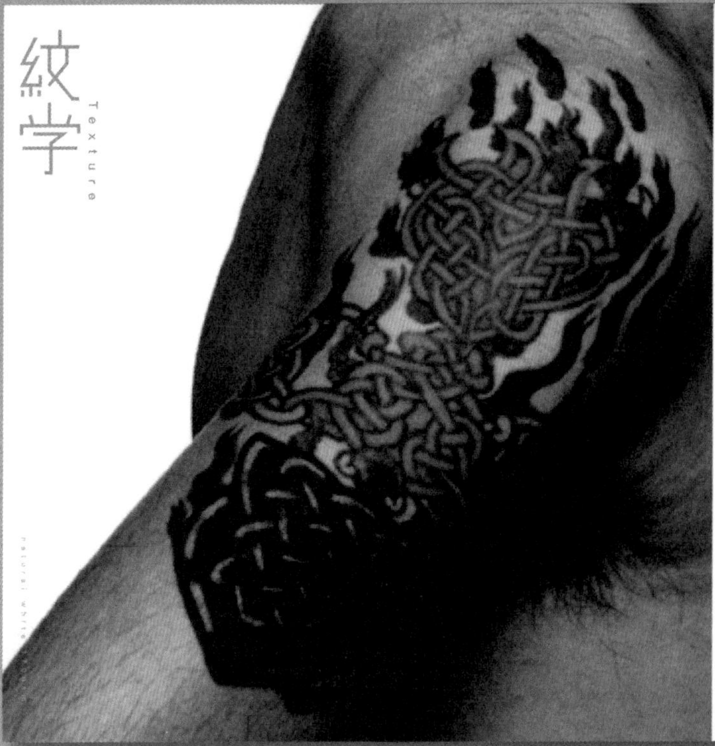

紋学

Texture

natural white

我不是食家，從小的認知，世上只有老抽和生抽。直至淘大推出翕仔豉油時，才知道世上還有頭抽，而翕仔更是頭抽中的極品。「翕仔」這兩隻字，真的沒有幾多個朋友懂得唸。

淘大
AMOY
極品
頭遍生抽
全天然釀製
PREMIUM LIGHT
SOY SAUCE

飲用前先搖勻
Mr Juicy Fit
ORANGE
Vitamins A, C, D, E
Soluble Fiber
APPLE
Vitamins A, C, D, E
Soluble Fiber
Grapefruit
Vitamins A, C, D, E
Soluble Fiber
Blackcurrant
+Grapes
Vitamins A, C, D, E
Soluble Fiber
1L
Sunkist Juice
Made Fresh in Hong Kong everyday

此日期前食用
Use by
1公升
Sunkist
菓汁先生
fit
橙 加添
維他命A,D,E
水溶纖維
蘋果 加添
維他命A,D,E
水溶纖維
紅西柚 加添
維他命A,D,E
水溶纖維
提子 加添
維他命A,D,E
水溶纖維
每日在香港
新鮮
製造
必須冷藏 確保新鮮

鰂魚涌
太古坊
德宏
英皇道
玖柒玖
海光街
興昌
滋味館
糖廠街
明記
十二月十九日隆重獻映
戲迷情人 孔仁
天才童星 一枡
一眾老臨
阿姐 魔強
雲妮 長毛
大王 華D
烏盤 大佬B
兆雄 楊莉卉
阿東 阿西
跳老舞
領銜主演 欣欣 散散
廿一世紀 精英公司 榮譽巨獻
導演 大舞臺 妙人妙 事妙 不可言
監製 大遭 老老少
製片 盧大 少老
場務 加先 首領 小榮
佈景 森美 爸爸 細佬 尖尾
Thank you, david !!
31.7.02

關於 GREY

廣告部老大 Simon（阿西）身形龐大，還留有一頭長髮，那時候我是一個光頭漢，當我們出去做提案時，一高一矮，像崆峒和少林掌門出巡，很有喜感。

阿西外表看似木訥，其實性格幽默風趣，他愛閱讀，更愛說爛 gag，深得同事和客戶歡心。他的管理哲學是無為而治，團隊氣氛亂中有序，堅實團結。這個很道家的創作高手，文案精彩出色，影像風格強烈。他主理的廣告獲獎無數，更創立了一個時代的風格，特別是他的「香港寬頻」系列廣告，是千禧後香港其中一個最出色的作品。阿西行事往往出人意表，他開酒吧、搞音樂，後來跑去學佛也好像順理成章。

精英廣告，個個都是藏龍伏虎，我那一輩的同事，今天不是自己做老闆便是企業高層。可能 GREY 的文化是「唔好急、最緊要快」，和「有甚麼問題都是自己諗掂佢」，所以大部份同事都是十八般武藝，樣樣皆精。

Adventure may hurt you,

but monotony will kill you

—

第六章

設計是一個動詞

CHAPTER SIX

車王 CarPlus 雜誌 君子雜誌 Esquire

HIM JESSICACODE

南華傳媒
south china media

南華集團成員
A member of South China Group

David Lo 盧永強
General Manager
- Men's Glossies & Jessica Cate

香港柴灣豐業街五號華盛中心三樓
3/F., Wah Shing Centre, 5 Fung Yip Street, Chai Wan, Hong Kong
Tel: 2202 5000 Fax: 2963 0529 | Direct Line: 2963 0878 Mobile: 9131 7802
http://www.scmedia.com.hk | E-mail: davidlo@scmedia.com.hk

雜誌雜憶

一九九五年回港，轉眼間已經十一年，從設計、廣告、管理，工作多了幾個層次。在 Wba 的最後兩年，除了鬱悶之外，一直在思考設計的可能性，我很想用過往的經驗做其他界別的事情。

離開 Wba 前已經決定創業，但是我很想先來個短期修煉，例如學習一些新的東西，或是嘗試另一個範疇的工作。

同一時間，獵頭公司的好友G致電給我。

「有一份工很適合你，你一定有興趣。」

「Agency 就免了，是甚麼？」

「雜誌，管理雜誌！」

出來工作後，認識不少做雜誌的設計師或編輯，他們都異口同聲說：「雜誌好——辛苦但好玩。」

我比較主觀，我絕對不同意做雜誌比做廣告設計辛苦。

但有幾好玩呢？心裡一直有憧憬。

G的客戶是香港其中一個最大的傳媒集團，他們希望她能找一個人來管理旗下的男性刊物；同時，希望這個人選在方向上能帶來一些新思維，不必局限在傳統的傳媒管理框框。

這份工作的性質和條件都十分吸引，最重要的是它符合我的短期修煉概念，我沒有怎麼考慮便答應了G。

「一年！給自己任性一年！」我這樣告訴自己。

見面的時間已安排好了，接見我的是集團的營運總監Sammy，他一頭短髮，個子小而精悍。他的煙抽得很兇，一頓閒聊，他已經抽了兩三根，感覺香煙就像長在他的手指。

「David，你怎樣看我們的雜誌？」Sammy問。

「女人書少睇，我唔識評論，男人書大部份都有買，得一兩本好睇，其他真係麻麻。」我說得比較直接。

然後，我從袋裡拿出一份報告給Sammy，來面試之前，我已經準備了一

面試是一場博弈，
做HR的朋友喜歡說
這是一個「隱惡揚善」的行為。

如何在面試中取得優勢？綜合我的經驗，應該不離以下幾點：

1) **你的儀容外觀。**
2) **清楚自己的優點缺點。**
3) **了解你的對手。**
4) **思考對手的提問。**
5) **回答簡短清晰。**
6) **盡量少廢話。**

第6點是重點，不管你是如何天才橫溢，總是敵不過言多必失。

份二十多頁的報告，是我的個人閱讀報告。

我給 Sammy 的報告，是我從讀者的角度剖析它們集團的雜誌設計、創意，以及在市場上的優劣，裡面也有市場調研公司的分析，並從管理的角度預測他們的發展趨勢。Sammy 拿著我的報告也呆了一陣，他沒想到一個普通的面試變成一個提案。

整個面試時間並沒有很長，反而中後段我和他談了很多流行文化和市場趨勢的問題。沒多久，我收到獲聘的通知，在 Wba 那七年的地獄修煉不是白過的。

結果，我在南華傳媒（South China Media）上班，我是總經理。

我主理集團內的男士和財經雜誌，包括 *Esquire*、*HIM*、《車王》和 *CAPITAL* 等，當中還有一本女人雜誌 *Jessica Code*，共十三本。

設計師轉行做行政管理，全世界都大跌眼鏡。

我是轉行嗎？也不覺得。

雜誌是一個媒體，也是一個創意平台。不同種類和風格的雜誌，需要不同的創意營銷。我的工作除了行政管理之外，還可以發揮我的設計專業。很多人以為設計只局限在視覺傳遞、圖像化的創意專業。其實從宏觀角度看，設計是很理性的，它可以應用於管理、思考方法及邏輯思維中。

C.H.E. 意思是 *CarPlus*、*HIM* 和 *Esquire*。

翻閱這個 PPT 時，有些資料今天看來是很不可思議，原來我在二〇〇六年時，一個月買幾十本報章雜誌。最狂的是，我已經網上訂閱 *ESPN-inside*、*Sports Illustrated-insider* 和 *Houston Chronicle*《休士頓紀事報》。

突然間轉變到朝九晚五、西裝筆挺的傳媒人生活，感覺地球的轉數變慢了，時間多了、想法多了，很久沒有嘗過這種精力充沛的感覺。

第一個月是學習期，我每天早上都和最少兩本雜誌的主管開會，了解雜誌的營銷狀況和編採風格，最重要的，是要知道工作流程。第二個月已經熟悉運作，雜誌的架構沒有想像中複雜，主要分為編輯、營業和設計製作三個主要部份。

總編輯和營業總監掌管內容和營銷，他們兩個是雜誌的靈魂。

印量（Print Run）和銷量（Circulation）是雜誌的肉身，你明白靈魂和肉身的關係後，便能把握這行生意的竅門。

CELEBRITIES

05. 南華傳媒總經理盧永強（右）致辭時表示：「for those who dare, for those who success。」鼓勵各位企業家「勇」字當頭。

一念天堂

準時上落班、薪高糧準、有創作空間、有私人空間，以及看似很多彩多姿的傳媒生態。選擇安逸，還是挑戰？心中不禁有點動搖？

傳媒行業的生態和廣告業很不一樣，雜誌要定期出版，在運作上要依從既定的規律：出版前兩星期，所謂「埋書」，所有同事都會忙得天昏地暗，其他時間則要見客戶、做訪問、搞活動，營業要追廣告、賣封面等等，每一個角色都準時演出，共同製造一個華麗的舞台。

設計師為客戶解決問題，同樣在傳媒行業也是針對不同書籍，提供最有效的解決方法，為雜誌找尋更正確的發展路向，基本上和設計師的工作沒有兩樣。首先要做的就是了解旗下雜誌的內容取向，以及優勢與弱點，始終內容永遠是傳媒最重要的核心，所以跟編輯部緊密合作是必須的，繼而才是營銷方面的策略，多想新的銷售模式，以及拓展新的客戶等等。

集團刊物的廣告銷售不一，有些需要適當的改革。*Esquire* 屬國際品牌，在廣告及內容上，均屬穩定，所以不用轉變；*HIM* 是最受歡迎的男性向雜誌，銷量相當高，怎樣可以把雜誌定位提升，把內容做得更樂而不淫，是有一定的難度。跟編輯部反覆開會後，決定以 Up and Coming 的女星當封面人物，當中包括：范冰冰、李冰冰等，現在都成了國際巨星，努力之下，雜誌在銷量以至客戶都有所提升。入職後第三個月 *HIM* 已逐漸取得盈利，是一項感覺相當良好的工程。

此外，我也參與一些 *HIM* 的內容創作，開始的時候寫一些人生點滴，後來連載長篇小說 HeSheHIM，內容是圍繞一個蟄居廣告人的生活日常，即是出賣自己和朋友的故事。我由玩票性質開始，最後連載了近兩年，最後隨總編輯離開而結束，沒想到結束後有讀者寫電郵來罵我爛尾很不負責任，讀者比我更認真。

另一本《車王》雜誌，在當年汽車月刊市場中，形象一向較《車主》及《人車誌》等為低，於是決定 rebranding，重新設計 identity，再以 *CarPlus* 英文名字作為主打，最後亦成功為雜誌在市場上重新定位。

除了應付新工作的挑戰，工餘時亦為Wba的舊客戶服務，繼續擔任設計師的工作，生活十分充實，早上開會，中午見客，閒來到中環與老闆開會，忙得不亦樂乎。上班首月的興奮，到第三個月稍為冷卻。而在新職位中，過去的舊客戶亦繼續支持，主動在我的雜誌投放廣告。這讓我明白到，我和客戶之間還是維持很高的信任度。

三個月後，我肯定兩件事：

一，雜誌是好玩，但不是我想像中那麼好玩。

二，喜歡做雜誌，但是我更喜歡做設計。

一年的期限還未到，便已開始在做下去和創業之間作出掙扎。全情投入體系，我相信一至兩年內會提高雜誌的質素和銷量，工作可以很穩定安逸，也能帶領團隊做得有聲有色。但是內心深處也有一個簡單任務——創業，走出來，做想做的事情，挑戰自己，做喜歡的設計。

究竟應該停留在舒適的環境裡，還是迎接充滿挑戰的生活？

我再次面對同樣的抉擇。

經過幾個月的努力，每本雜誌的方向基本已穩定；而廣告銷售方面，亦在穩定的上升。試用期滿後，我主動延長多一個月，因為自己也要想想是否繼續

留在傳媒行業，還是重新走入設計行業的懷抱。我站在接近四十歲的關口，也是時候為個人事業作出最重要的決定。在無數的家庭會議下，我毅然成立了個人設計公司LOMATTERS，離開了傳媒行業，正式開始事業的新里程。

解密

> 4056830960 下集

HeSheHIM
episode 3.1

多情专一

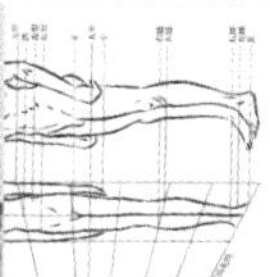

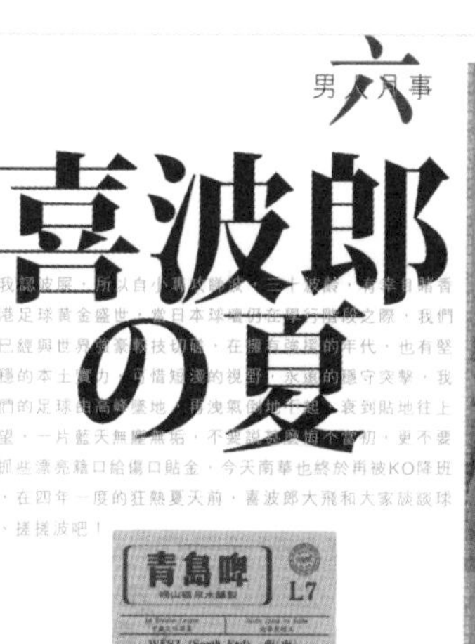

視野
http://www.youtube.com/?v=AFBKRGgZ21o
王者精工

HeSheHIM
episode 3.2

CAR
SPECIAL
再多幾個都沒問題
Saab 9-3 SportWagon
9-3 SportWagon

關於雜誌

我喜歡雜誌，閱讀之餘也收藏不少。小時候除了漫畫和電視之外，報紙雜誌也是我的主要精神食糧。禮拜日飲茶買本《明報周刊》，是為周末的主要動作。我沒有興趣八卦新聞，但是副刊的王司馬漫畫，還有黃霑和林振強的專欄卻看得津津有味。

我很喜歡王司馬的《牛仔》，線條簡潔，故事雋永，只是今天也搞不懂契爺是牛仔的爸爸還是真的契爺。我讀黃霑的《數風雲人物》時才不過十歲，由於他的文章是以廣東話入文，淺白易明，閱讀起來有親切感。林振強就不用多說了，在蘋果速銷那一章已經提及過。

長大一點，漫畫買得多，和樓下報攤的老闆混熟，在非繁忙時段，他都會給我翻翻雜誌。最喜歡看《號外》，特別是邱世文的《周日床上》，那是一個很有型的男人世界，當然還有《求知》和《新知》。

中學時，我會去尖沙咀的冷巷雜誌檔買過期的 *interview*、*FACE* 或 *Esquire*，多數都是為了它們的設計，其中一間的老闆是個英文流利，但是喜歡聽粵曲的阿叔，偶爾他會送我一本 *Playboy*。

「睇 *Playboy* 學英文好呀！活動教學呀。」

不過阿叔千叮萬囑我不要對人說是他給的。

九十年代除了 *Ray Guns* 之外，我覺得 *wallpaper* 是劃時代的，它的出現，把時尚品味和雜誌質量提升至一個新高度，不少廣告商更特意為它設計專門的廣告。今天 *wallpaper* 對比 *Monocle* 已經顯得有點過時，但是它還是一本很有份量的雜誌。近代的本地雜誌，當然離不開《壹週刊》，不管你喜歡與否，它真的是過去三十多年來最具影響力的雜誌之一。

在設計師協會時搞過一本設計生活雜誌 *dD*，這本應該是協會第一本可以發行全香港的刊物，可惜第二期因種種原因未能出版，浪費了五月天的訪問。

萬事俱備，只欠執行。

決定創業前，我已經很小心準備，確保一切如期進行。兼職和全職是兩個世界的事情，雖然客戶說了會全力支持，而我保守估計，沒有三個月至半年不能收到第一張 pay check，其間和另一半的生活支出，一定要有共識。

她說過會全力支持，放心了。

我再和客戶打好招呼後，便很瀟灑地辭職，重新出發。

命運就是給你開了一道門，但另一道門也會給你關上。

創業不到一年便分手了。

原來她支持我創業，但不支持我辭職。

ABERCROMBIE
HIGH PEAKS

The most important thing is to enjoy your life, to be happy

It's all that matters

lo

—

人生是一場誤會

第七章

CHAPTER SEVEN

DAVID LO

Creative Director

Group Design Director
GP Global Marketing | KEF

Vice Chairman
Hong Kong Design Centre

Vice Chairman
The Green Earth

LOMATTERS

M 852 9131 7802
F 852 2111 9306
E david@lomatters.com

沒有不成功的創業

不是重新出發，原來是由零開始。我是正宗的孤獨設計師。

沒有退路了，始終要找個地方落腳，幸得沙田工業學院同學阿謙相助，我租了他的 studio 裡的一個房間作為臨時辦公室。突然之間，由聯絡、開會以至創作，所有事情都是一腳踢；行程緊湊、狼狽，但十分充實。

過了一段時間，舊部邱小姐 Wing 隆重加入客戶服務部，新公司正式營運。我與 Wing 在五十呎的房間相對而坐，環境還可以，唯一詭異的地方，就是外牆玻璃經常有鴿子不明撞上，很像恐怖片的情節。房間向西，每天黃昏都和太陽伯伯說再見，豐富的維他命D給予我們不少鼓勵。

常言道創業容易守業難，設計卻是一門創業容易，守也不太難的行業。在

二〇〇六年，開辦一間設計公司是一件簡單不過的事情，一台手提電腦，一個電話便可開工大吉。

印象中沒有見過開業一年便倒閉的設計公司，拍檔翻臉除外。

設計師創業，相比起其他行業更個人化，因為設計師便是公司的靈魂、公司的風格；業務發展與創作規劃，更可依照他專長而自由選定。有些設計師的專業定位精確，如擅長某些特定的創作項目，創業只是他的事業延續；有些設計師則希望跳出沉悶框框——如我，創業便成為一項很實驗性（高風險）的行為。

設計是一個很有個性的名詞，設計公司更是一個很有朝氣的符號。認識一家設計公司，最快、最直接的便是他的名字和商標。設計師那一張小小的名片，往往就是他的創業作，公司的定名與商標設計是他的首項挑戰。

設計公司的 Corporate Identity，其實就是設計師的品牌和視覺認證；他的專業、性格、風格與定位，全都可在名字和 C.I. 裡的用色、字體，以及物料中表現出來。為了要突顯我的品牌個性，在名字與設計上都希望能夠做到耳目一新。最後定名 **LOMATTERS**，因為簡單易讀，也意謂這公司是盧先生（**LO**）的一切事宜（**MATTERS**），而 **LOMATTERS** 的發音與 **No Matter**

相近，代表這次創業無論如何也回不了頭，事實也是。

你是甚麼樣的品牌，你便會找到甚麼樣的客戶。

設計的釐定標準，大多以好、壞和品味來區分，客戶如是。好的客戶欣賞設計，樂意接受新觀點，他們能與設計師攜手挑戰創作空間，更可讓企業不斷演進。壞的客戶大多以自己的品味或既定規條作準則，他們愛保守、怕創新，或太愛以他們的喜好、品味來創新，設計師大多對他們無所適從，而他們所選擇的設計師多以服從性為依歸，更甚者，設計的好與壞只以價格來區分。

設計師與客戶的關係也如男女般相互吸引，我的業務主要集中在企業品牌和市場設計方面，公司慢慢在市場站穩陣腳。我在 Wba 的舊客戶，例如煤氣公司和金象米等都全力支持我創業，所以在起步初段已經有穩定的收入來源。開業第一年，我都不用怎麼睡眠，總是覺得精力無窮。可能把所有心思時間集中在自己喜歡的事上，生活倍覺充實和有意思。

第二年的夏天，我們贏得澳門美高梅（MGM）酒店的設計項目，公司的資源亦翻了一番，人手接近二十人。這是公司的轉捩點，只是時間的緊湊不是常人可以想像。我們八月簽約和開始設計，但是酒店在十二月開幕，意思是說，我們要在四個月內完成幾百個設計。那段瘋狂的時間，每個星期要過澳門提案最少兩次，像打仗一樣跟不同的部門開會，每次戰鬥五至八小時，如此日子直到開幕前一個星期才結束，我第一次感受到創業的快感和痛苦。

二〇〇八年，我決定找一個較大的工作空間，適逢科學園管理、位於九龍塘的 InnoCentre 招租，招募的主要是設計公司，它們希望營造一個 Design Community。申請過程十分順利，很快便以全租的方式搬進四〇四室。

搬入 InnoCentre，躊躇滿志，想不到第二個月便遇上金融海嘯。

amazon.com
卢永强

DAVID & LOMATTERS will be relocated to InnoCentre with effect from September 2008.

Opening Party
Friday October 3
18:00 - 20:00

LOMATTERS Creative Studio
Suite 404 InnoCentre
72 Tat Chee Avenue
Kowloon Tong, Hong Kong
t 852 2115 3138 f 852 2111 9306
e david@lomatters.com

香港九龍塘達之路七十二號創新中心四零四室

LOMATTERS
CREATIVE STUDIO

MGM GRAND
MACAU
美高梅金殿
澳門
MGM
澳門美高梅金殿

MGM
PÂTISS

BAR

海嘯

因為經歷過九七、科網、沙士等大時代，心理上對這些經濟難關早有準備，覺得困境總會過去，可惜這個狀態足足維持了三年之久。

搬了大地方，準備大展拳腳時，卻遇上金融海嘯，公司在投資方面損失很大，當時的營運資金以半年作準備，誰能料到經濟停滯了三年。做了管理那麼多年，反而自己當老闆便犯下一個最基本的錯誤，忘記面對 financial crisis 的鐵律——開源節流。

源，一直有開，不斷有新的客戶，但是完全沒有節流。

三年災情期間不是沒有工作，而是規模和預算都大打折扣，但我完全沒有縮減人手，只是不停對自己說，很快便會過去；結果，我差不多把公司所有資金近乎完全耗盡。到生意穩定下來時，自己才抹一把汗，做管理和做生意絕對是兩個世界的事情。雖然變化永遠超於預期，但是適當的危機管理準備永遠都重要。

第四年，我開始思考我的營運模式是否有問題，是否適合我？或是否適合時代步伐？

開業時的模式以 Wba 為標準，架構不離傳統的創意、客服和製作等，更少不了一個會議室和寬敞的空間。但是在海嘯的三年後，驚覺會議室的使用率極低，客戶端的工作生態其實也逐漸改變，他們情願你去他們的公司或是在外面喝個咖啡，後期甚至一個電話或 Skype 便可。我們 LOMATTERS 的辦公室曝光率最高的地方，反而是招待參觀 InnoCentre 的各地賓客，而四〇四室就是 InnoCentre 的示範單位。

電腦的速度和軟件的發達，改變了設計的運作模式，二〇〇九年做一個 corporate campaign，需要三至四個設計師才可完成。到了二〇一三年，基本上兩個人便可以應付有餘。很多公司面對剩餘產能最簡單的解決方法，就是找更多的工作。傳統上一家公司的發展，就是依照這樣的路徑。有些公司更直接把團隊分成 A、B team，A team 負責專案，B team 負責搵食，但是 B team 的工作是需要低調，不然會影響公司的形象。

但是我卻在想，可以有另一種變化嗎？

離開廣告公司就是不想再過追數的生活，自己的生意，自己的專業，我想有其獨特性。

我可以靜靜地做自己喜歡的事情嗎？

二〇一三年是一個分水嶺，首先，有幾家公司和我接觸，探討合併，甚至收購的可能性，我們一直在條件細節和後續模式中周旋。事實上，當時我的興趣不是很大，我只想看看公司的市場價值。反而在討論中我不停反問自己，我的理想工作／事業是怎樣？最奇幻的是，有一家公司竟然在商討期間倒閉，也真夠戲劇性。

那時候，我認為最理想的工作模式，應該像美國的Stefan Sagmeister和日本的三木健一樣，營運一個合適的studio，做一個自由、簡單又快樂的設計師。

剛巧待了六年的InnoCentre大幅加租，一個原本是設定為Design Hub的地方，新的租金已經可以隨便租下市區大部份的優質地段時，曾經說好的design community呢？我想，是時候計劃之後的發展了。

LOMATTERS主要的業務是企業和市場設計，有些客戶除了需要一般的設計服務之外，企業內部也需要長遠的策略性和可延續性的設計支援。為甚麼我們不可以直接進入他們的體系做創意工作？長久以來，設計師都是單向的輸出服務，能夠做到雙向不是更有意思和更有價值嗎？

想了很久，決定朝這個顧問形式出發。

我有再創業的感覺。

我們的工作分開兩個部份：

第一，基本的企業品牌和市場設計。

盡量與不同地域和不同範疇的設計單位合作。

第二，企業設計顧問。

設計師成為企業裡的團隊角色，可以是管理企業內部的設計團隊，亦可以代表企業管理它們專屬的廣告和設計公司。技術上，設計顧問是擔任企業的創作總監。設計顧問不只提供創意服務，還有品牌和產品發展策略，即是所謂 Strategic Communication。我是直接和管理層，甚至主席工作。因為我們所站立的，是在企業的最高點，做的是策略性的創意工作。

再創業比創業時艱難，因為我不只是提供服務，還有新的設計顧問概念。每家企業都有自家的文化和方式，要取得客戶的信任並不是易事。但是經過不

斷的嘗試和磨合，大約過了兩年多，工作逐漸取得成績，以及能穩定發展，我也藉此機會做了很多其他事情。

港华紫荆
BAUHINIA

BAUHINIA
BAUHINIA

港华紫荆
BAUHINIA

港华紫荆
BAUHINIA

港华紫荆
BAUHINIA

towngas
cooking centre

HK
香港優質產品

年報 ANNUAL REPORT
2002
金源米業
國際有限公司
GOLDEN RESOURCES
DEVELOPMENT INTERNATIONAL LTD
(852)2449 0998

2005

ANNUAL
REPORT
2015
年報
米中
極品
GOLDEN RESOURCES

ANNUAL REPORT
2016
金象牌
Vietnam
GOLDEN RESOURCES
DEVELOPMENT INTERNATIONAL LIMITED

金源
米業
GR
2009
ANNUAL REPORT 年報
健康衛生 食得放心
金源 米業

金源 米業
KEEP
WARM

GOLDEN
RESOURCES
2013
ANNUAL
REPORT
金源 米業
GOLDEN RESOURCES DEVELOPMENT INTERNATIONAL LIMITED

GOLDEN·RESOURCES
金源 米業

每日新鮮製造

Freshly made every day

香濃

幼滑

雀巢 Nestlé

Dairy Farm

100% FRESH MILK

Freshly made in Hong Kong every day

Per serving* 236 mL

Energy	Total Fat	Saturates	Sugars	Sodium
152 kcal	8.6 g	5.9 g	10.7 g	132 mg
8%	14%	30%	**	7%

% Chinese NRV

每日新鮮製造

Freshly made every day

含豐富鈣質

0%脂肪

二〇〇八年，接受《都市日報》的訪問。它記錄了四十歲的我在剛剛創業時的一些想法，「四十歲的他，成為了公司老闆，卸下了不少包袱，生活變得坦蕩，不用理會其他人的說法，以真性情過活，從中 David 發現了一個人生的大道理，認真坦白原來等同無情，虛情假意才是有義氣，這番說話聽起來，不禁有點兒唏噓。」

有一些人情冷暖我自己忘記了。

有時候，善忘也是一件好事。

生命化的平面設計

認識盧永強（David Lo）已有一段日子，大家曾在同一集團工作，合作無間。在David的身上，你會知道何謂工作認真、何謂高瞻遠矚。David是管理級人員，也是出色的平面設計師，更是品牌建立者，一人身兼多職。這次以訪問者的身份跟David對話，本以為會有不自然的感覺，但談起來，David依然認真，恰當地飾演了受訪者的角色，讓我們了解平面設計行業的獨特屬性，以及他成功的過程和奮鬥的經過。

他的設計路

踏進David很典型的平面設計辦公室，看到牆上掛著不少作品；此外，也有來自世界各地的電影海報，還有不少書籍和DVD。我跟David就在這個房間內，由某男性雜誌現在很難看說起。

David怎樣開始他的設計路？原來小時候David很喜歡畫公仔，胡亂的畫，慢慢引申到認真學習，在美術課上取得良好的成績，並參加了不少學校舉行的設計比賽，屢獲獎項。會考之後，他便到沙田工業學院修讀設計，畢業後加入了廣告公司當正稿員，由低做起，公司給予了他不少機會。經過八、九個月的學習後，他發現面前的路發揮有限，加上跟女朋友吵架，便毅然出走到美國休士頓大學修讀設計，並從此走上設計師的道路。David 認為作為一個好的平面設計師，必須懂得管理自己的設計，將自己手頭上的工作做好，進而便可學懂管理時間、管理財務。David 說設計除了眼睛的美感外，出色的語言技巧亦十分重要，怎樣闡釋自己的作品，說得流利一點，讓別人能更具體的明白，自然事半功倍。當了老闆的 David 不時還會親自參予設計，對工作極之投入。

設計必須要有熱誠

要當一個平面設計師，究竟需要甚麼條件？David 說一半是天份，有基本的審美眼光，一半是靠後天的熱誠和努力。熱誠和熱情並不相同，有些人只有熱情，但不肯努力，只懂怪責周邊的人與事，達不到自己的理想，便怨天尤人；而有熱誠的人，無論多艱苦仍然百折不撓，誓要做出最出色的作品，屢敗屢戰的精神，正是平面設計師必須具備的條件。David 曾於香港不少大專院校任教，David 認為香港學生普遍的技術層面相當高，但深度不夠，懂得怎做但沒有真正深入研究。而作為一個教育工作者，David 認為最重要是啟發學生，希望他們真正愛上平面設計，這樣便能激發他們的熱情，成就一個出色的平面設計師。

香港還有發展空間

香港平面設計行業競爭大，從事這個行業究竟有沒有未來呢？David說一定有未來的，絕對不應該感到灰心，香港設計師是佔有優勢的。因為香港是國際都市，如果能夠立足香港，擁有國際視野，這樣的一個平面設計師，絕對不愁出路。隨著內地經濟發展，不少香港設計師會返回內地工作，David說這是個不能改變的事實，但大家必須注意的是香港也有不少機遇，未必一定要返內地，在香港只要努力工作，還有不少生存空間的。現在內地的設計師已經非常國際化，香港人必須不斷充實自己，才能與時並進。八十至九十年代，香港人充滿自信；九十年代香港經濟起飛，香港人變得自大，但一九九七年之後，經濟轉差，香港人不斷矮化自己，但其實只要自省，香港的平面設計行業，還有不少生存空間的。

文字賦予創意

作為一個走在時代尖端的平面設計師，要怎樣與時並進呢？David說，必須要充實自己的生活，多看電影，多看圖像，而文字亦相當重要，文字沒有固定形態，在腦裡可以營造出不同的畫面，對平面設計有著極大的幫助。難怪David的辦公室內，有這麼多書籍，有Robert Indiana的作品，也有《火武耀揚》，可吸收多元化的知識，相信這就是David成功的一個重要元素。

手稿與電腦的世界

八十年代做設計，要貼咪紙，mark色，俗稱「砌手稿」。現在流行用電腦設計，兩者對David來說，誰比較有感覺呢？David說，砌手稿跟用電腦做稿，完全是兩種情懷，做手稿必須要小心，不可以出錯，否則一來一回便要一至兩日，但這可培養設計師的思維邏輯；而使用電腦當然方便，時間亦比較短，最快三小時便可完成一項工作，但原則性和原創性，就不及手稿那麼有血有淚。所以David現在的桌上，還放有白紙和鉛筆，先起稿再用電腦製作，保持投入感。

三位影響生命的設計師

哪幾位設計師對David影響最深呢？David說，一共有三位設計師，影響了他的生命。第一位是畢子融先生，David看過他的作品《設計與正稿》，了解到繪畫和設計的分別。第二位是他的大學教授Cheryl Brzezinski女士，Cheryl是個非常嚴格的教授，David因為曾在香港工作，所以在大學最初兩年的成績十分優異，到了第三年David遇上了Cheryl，GPA雖然有3.75分，但Cheryl卻覺得David的作品沒有靈魂十分沉悶，於是決定不准David升班，當時David感到十分氣憤，但在留級的一年，他刻意改變創作手法，終於明白了Cheryl的意思，之後的創作亦因之而脫胎換骨。Cheryl也是一位非常著名的設計師，投放了大量時間在設計教育上，對平面設計有著極大的貢獻。第三位是陳幼堅先生，David在陳幼堅先生身上學懂了對設計的態度，明白怎樣才是一位真正的設計師。設計原來就是生活，就是自我堅持，要把平面設計視為職業，用心去做。若設計師抱著打工出糧心態，是永遠不會成功的。

二十 三十 四十

男人每十年一個改變，二十、三十、四十是不同的關口，David說他是個比較遲熟的男人，二十一歲讀大學，二十七歲返回香港工作，同期的同學經已彈起，名成利就，但David沒有放棄，他更努力工作。他在三十至四十歲的十年時間，由設計師攀升到管理階層，並有參予教學的工作，將自己的知識教授予下一代，亦從下一代身上尋找到新的知識，這也是教學相長。四十歲的他，成為了公司老闆。

邊工作邊讀大學

在美國讀書的時候，曾經遇過甚麼樣的困難呢？David說，在美國生活比較沉悶，所以在大學第二年，便開始一半時間工作，一半時間學習。在往美國之前，David在廣告公司做了不少小冊子，現在看來作品水準真的很差，但當時他膽粗粗的四處到設計公司作自我介紹，結果真的被聘用當兼職，每小時有七至八元美金，比較在圖書館工作只得五元，足足多了三分之一，他工作得十分開心，亦學了不少東西。畢業後，他覺得德州的生活比較平淡，過於安穩，完全預料到未來的發展，他決定回港再闖。現在他的大學同學，不少還在當地作簡單的設計工作，生活完全沒有變化。

美國設計的模式跟香港有甚麼分別呢？David說，美國的節奏沒有香港那麼急速，公司有足夠的工作便可以，有時甚至會推掉工作，要重視質素；反觀香港，只會驚「不到數」，做做做，不停的做，質和量是香港和美國平面設計行業最大的分別。

堅持自己的理念

作為公司老闆，接到生意之後，會以自己的創意為先，還是以客人為先呢？David說，當下還是以自己的創意為先，但會尊重客人的意見，因為客人對產品最明白最了解，而聽取他們的意見，並不等同盲從附和，加上上年中經濟開始變差，更需要了解客人的感受，怎樣可以以最有限的金錢，替客人做出最上乘的作品，這是David堅持的理念。

雙贏才算是最成功

從事設計多年，David得過無數獎項，亦曾替不少大型機構工作，David說，幾年前做的一本馬年賀年書籍《馬經》最為有趣，除了因為取得金鉛筆獎外，鬼馬的《聖經》外觀，配合跟馬有關的有趣內容，難怪每個客人收到這份禮物，也樂上半天。而跟澳門MGM美高梅的合作，亦是David難以忘懷的一份工作，如何為新酒店創作宣傳，將簡單的糕餅店變成豪華的甜品屋，整個過程雖然辛苦，但卻得到不少難能可貴的經驗，亦為人生上了寶貴的一課。David一直堅持，每一項工作都要做到最好，除了收入之外，也要滿足自己創作的泉源，更可令客人的產品達到宣傳的效果，能夠做到雙贏的局面，才算是最成功。四十歲的他，一點也不老江湖，仍像一個初出茅廬的小伙子，全心全意，努力為工作打拼。

跟David經常談天說地，談文學、說足球，一時說公事，一時談女性，在不知不覺間，成為了好朋友，在工作上、在生活上，David都有很多值得學習的地方。離開他的辦公室，滿腦子都是昔日合作的回憶，想了又想，David最出色的地方，是他的好奇心，不懂的東西他一定要弄個明白，流行的東西，他一定要發掘箇中原因。我們的書櫃上，都有一套龍人著的《滅秦》。這個大賣特賣的作品，究竟為甚麼會流行起來？看過之後，我們不約而同找到相同的答案——因為沒有其他武俠小說吧！

hotel
LAN KWAI FON
macau
澳門蘭桂坊酒店

WELCOME
to Hotel LAN KWAI FONG Macau!
This is your key to excitement.
ENJOY!
Hotel LAN KWAI FONG Macau
LKF
hotel
LAN KWAI FONG
macau
With Compliments
LKF
hotel
LAN KWAI FONG
macau

Hotel LAN KWAI FONG Macau
hotel
LAN KWAI FONG
macau

valet parking
Name 客人姓名
No. of Items 數量
ID No. 證件號碼
Present this claim check at the CLOAK ROOM
11504
Date 日期
Stored by 服務員
Name 客人姓名
Room No. 客房號碼
No. of Items 數量
ID No. 證件號碼
Present this claim check at the CONCIERGE OR 3/F RECEPTION
hotel LAN KWAI FONG macau

WELCOME
Tetsuya YAMANAKA (Mark) 山中哲也
Charles HEUNG
ALMOST
SECURE AS
OUR
CASINO VAULT!
Storage

re
by msn

MSN 的年代，覺得 ICU 好落後，
現在我們用 WhatsApp、LINE、WeChat，
覺得 MSN 完全是古董。

1895

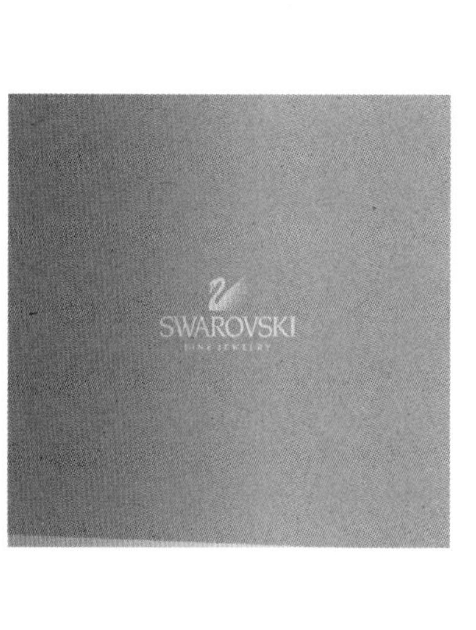
SWAROVSKI
FINE JEWELRY

變幻原是永恆

創業的樂趣是面對不可知，守業的樂趣是面對不可能。時間永遠過得比你想像中快，很老套，但也是事實。自一九八六年國泰的暑期工開始，轉眼間已經從事設計幾十年，我的生活就是設計，設計就是我的生活。

五十歲後，工作還是緊張，但是時間相對自由，我開始有時間整理人生。衝了那麼多年，有時候對著鏡子，都會問鏡中人究竟是誰？一張臉都是寫著悲歡離合愛別離。經歷過高低起落，人活得久了，眼界放開了，只是不太習慣很多人對是非黑、白、灰的比例是隨著年齡和立場而改變。

世界在變、香港在變、人在變、我也在變，究竟人生的意義是甚麼呢？甚麼是成功？甚麼是失敗？我一直在問自己這些愚蠢的問題。

很多朋友說，經歷過 COVID 這三年，人只要活下來比甚麼都重要。

我覺得對自己要求高一點，活得精彩應該才最重要，特別是設計師。你選擇這一個行業，如果能夠堅持到最後，恭喜你，你一定過了一個幸福的人生。疫情下寫了很多文章，這四篇可以總結這個段落。

【生】小時候我是一個問題兒童，長有一個巨頭，整個人總是給人古怪和空洞的感覺。長大後也是率性而行，不停為家人和朋友添煩添亂。

我甚麼都比人遲，遲讀書、遲婚，更遲到婚後八年才有孩子，老天還一次過送我一對孖女。不管我有多大心臟，突然之間迎接兩個小孩，在經濟上、情緒上、生活上，給我極大的衝擊。

有了小孩後，整個人生和工作都有了極大的轉變。原來設計以外，我最想做的就是兩夫妻一同和孩子長大，在職場打拼了那麼多年，原來人生最想做的事情就是這麼簡單。

說來慚愧，我算是老來得女吧！朋友問我子女應該選哪一所大學？我卻問朋友女兒應該進哪一家小學？很有喜感。有時會想，如果我像他們一樣，二十多歲便成家立室和有小朋友，我能陪伴他們的時間一定沒有今天的多和用心。我經常笑說，我現在對著我的女兒就像湊孫一樣，我意思是在情感和態度，這種感情是很真實和真摯的。

很多早婚的朋友，雖然今天他們的兒女已經大學畢業，甚至已經在社會工作，但是他們都是子女緣淺，現代人都是這樣，很可惜。

【老】我記得有一天和太太去街市買餸，我對賣魚佬說：「阿叔，啲魚點賣？」賣魚佬對我說：「阿 Sir，我諗我後生過你，唔好叫我阿叔。」那一刻我才醒覺，我其實不是阿叔，在很多人眼中，我是一個阿伯。

設計是一個很扭曲的行業，因為我們整天都在追求創新，雖然肉體變老，但是在情感上總是覺得永遠年輕。老，在設計師眼中是一個很有趣的課題，我有不少前輩，活到七、八十歲還是精力旺盛，除了有鬥心之外，還有鬥贏和鬥氣。

我們跟那些四、五十歲，整天怨天怨地、恃老賣老的油膩大叔不一樣，設計師的心境總是保持一種年輕的狀態；做時裝設計的更甚，六、七十歲穿著得花枝招展的比比皆是，活著就是精彩。

老，對設計師只是一個名詞，大部份我認識的設計師都是以老為榮，看看 Paul Rand 和 Pablo Picasso，八十多歲還精力充沛，創作力旺盛，還做爸爸呢。

【病】我不敢說我特別強壯，但我自認比同齡的相對健康；怎麼也沒想到，在二〇二二年初竟然得了一場心臟病。在一個平常夜晚急症入院，由浸會到伊利沙伯，有四至五個醫生不停在我耳邊告訴我：「盧生，你依家係 critical condition。」Critical condition 在設計師的字典是「瀨嘢」，如印刷交貨時出錯、event 中途停電，而現在是生死攸關。

尤幸大步檻過，已差不多一夜白頭。

電視劇看得多，但是從來未經歷過如此狀況，不是從未入過醫院，可是像這樣全身動彈不得、完全無力、無助狀態下，應該是人生第一次。特別是這個半百年紀，更是初為人父不久，這種只能看著天花板的壓力，真是不足為外人道。

在深切治療部躺平了兩天，反覆想了又想，只想到一句老套話，健康是很重要的。

望著天花板，你會覺得世間的一切物欲都是過眼雲煙。

你不能動，給你最厲害的跑車也沒有用。

你沒有健康，給你多少錢也花不了。

所以小病永遠是福，因為可以提醒大家健康的重要，也讓大家能在緊繃的生活中稍作休息。

【死】二〇〇九年，結婚後不久，我們想養一隻臘腸狗。在分類廣告中找到一個 **breeder**，他剛好有一胎長毛臘腸狗，印象中好像有六、七隻。第一次見牠們時，牠們都長得很小，就像一堆毛毛蟲在袋中轉來轉去，其中一隻放在懷裡感覺特別安靜，牠就是 **Bambi**。

Bambi 的毛是啡白色，學名是 **Dapple Dachshund**，可能牠從來都是和我們一起起居飲食和睡覺，所以心理上自覺是人類，兩、三歲開始，牠便成為一隻不喜歡狗的狗。

Breeder 介紹牠時，說牠是 **miniature dachshund**，我以街上看到的小臘腸狗為標準，想不到牠長得不只壯，還十分高大！試幻想，你以為孩子是 Michael Jordan，最後變成一個姚明，那份落差十分好笑。

Bambi 喜歡黏著我們，最喜歡像貓一樣安安靜靜的睡在沙發頂。牠很少吠，但是門外有陌生人時，他會發出驚人吠叫，不知就裡的人，還以為我們養的是一頭德國大狼狗。

相處那麼多年，我相信 Bambi 完全懂得我們的說話和想法，我也可以從牠的眼神裡知道他想大便或小便。牠在十歲後開始怕熱和變懶，最愛躲在家裡乘涼，還是一貫的無辜樣，不過體毛變淡和多了一些白鬍子。

兩個女兒回家前，我已經跟牠做好思想準備，千萬不要欺負妹妹，要做一個好大佬。第一眼看到妹妹時，牠走過來嗅一嗅她們的小手，然後很 cool 地行開。我們在餵奶時，牠主動坐在我們前面，就像華府的武狀元一樣，負責保安和保護妹妹，影像十分溫馨。

牠伴著兩個女兒長大，最不可思議的是，牠從來沒有碰過妹妹的玩物。不管女兒如何抱牠、親牠、欺負牠，牠都是默默承受，盡顯大佬本色。

我每天上班、下班，第一個跑過來迎接的永遠是牠。

Bambi 不是我的最好朋友，而是我的毛兒子。

今年四月，疫後全家第一次遠遊，出門前如常跟 Bambi 說再見，想不到這次再見原來是道別。

牠在我們不在家時默默地走了。

人家興高采烈在 National History Museum 觀光，我們一家卻是哭得死去活來。

Bambi 知道要走，都要顧及我們的感受。

You will forever be a part of me and live in my heart.

50th
Anniversary
TURBOJET
噴射飛航

TURBOJET

Ag

Q.I.G

peace

job

SOILABLE

SINCE 1968

SDCF
漢學

ARTYZEN
HOSPITALITY GROUP

三友發展
SAN YOU

the ARCADE
CYBERPORT 數碼港

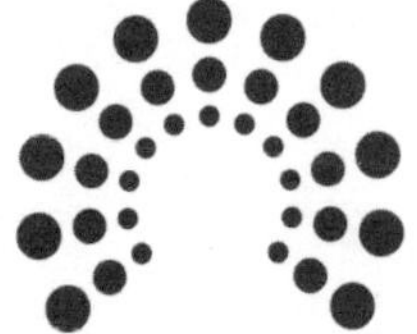

香港
寬頻
HONG KONG
BROADBAND NETWORK

MEO

dP

東•西•燒

ROBOQ

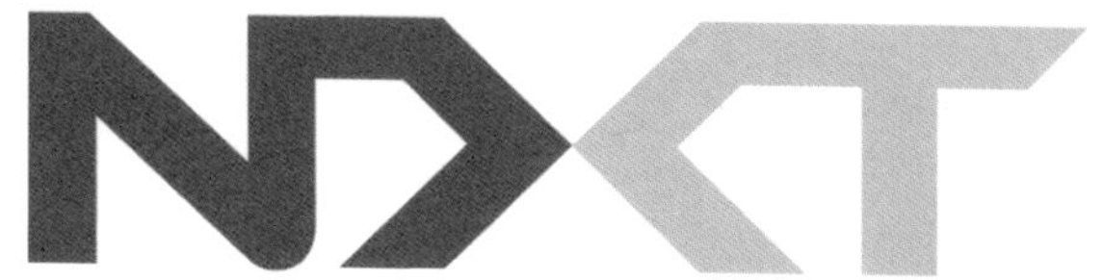

H·D·H

elyze

慶祝香港設計師協會成立四十五周年及環球設計大獎四十周年，協會在環球設計大獎 2016 (Global Design Awards) 首設「香港設師協會終身榮譽獎 (HKDA Lifetime Honorary Award)」。目的是表揚那些終身為行業、教育、協會無私貢獻的設計師、前輩，首屆獎者為靳埭強博士。

設立香港設計師協會終身榮譽獎，目的是表揚為業界持續不懈地帶來非凡貢獻的香港設計師。作為首屆得獎者，靳叔當之無愧。他行業的先驅。當沒有人敢冒險前進時，他就為設計行業開闢了一條嶄新且通往成功之路。」香港設計師協會主席盧永強 (David Lo) 說。叔獲獎，實至名歸，那重達十公斤，由鋁和胡桃木造成的獎座也份量十足。

計榮譽獎的標誌和獎座也是一項榮譽，標誌由四十五顆從地而起的珍珠組成，寓意協會由七十年代開始茁壯成長；獎座的設計是把誌立體化，層層滿滿的珍珠更能表達幾代設計人所栽種的人才。

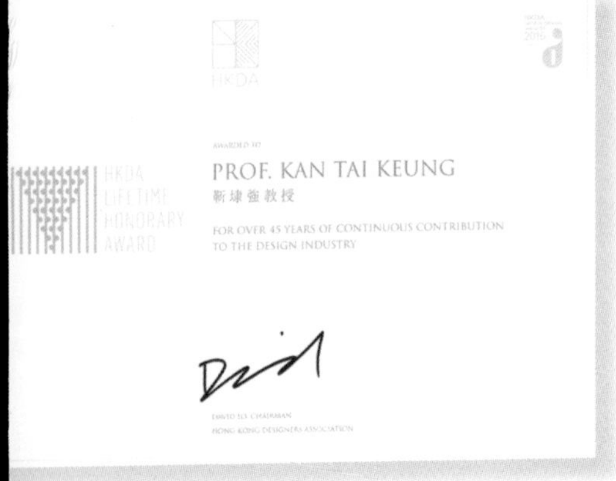

HKDA
HKDA
2016
HKDA
LIFETIME
HONORARY
AWARD

升级 力◦量兼备
ZY 561902

鹿电池
无汞极能碱性电池

除了為雙鹿電池設計視覺識別之外，
更為它們創作了新口號「力。量兼備」，
整個品牌能量滿滿。

双鹿电池
2019 年

双鹿电池
1972 年

108
1 week
12 + Major Programmes
100 + International Speakers
90,000 + participants

BODW FORUM 1-3 DEC
A FORUM OF MASTERS

bodw
BUSINESS OF DESIGN WEEK 2011
2011.11.28–12.3
MEDIA CENTRE
BODW
FORUM

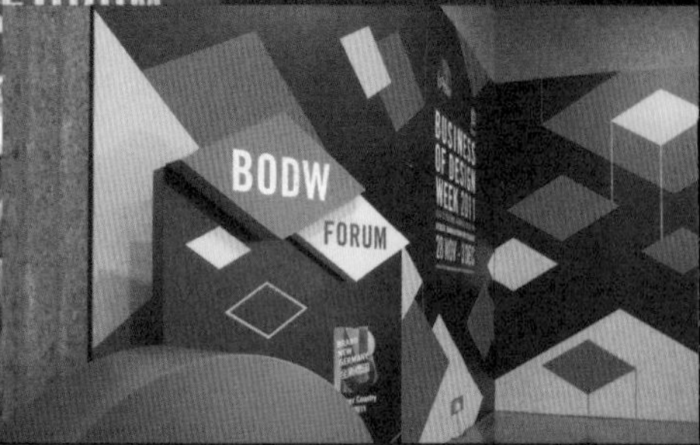

根據平衡宇宙理論，一定有另一個我的存在，
應該是在內地的一位設計師吧。

5 Design Categories |
20+ Highlight Stories |
200+ Collaboration Exhibits

Joint-School Design Exhibition

#DesignXcel #DesignCouncilHK
#DesignXcelExhibition

Organiser
香港工業總會 FHKI
DESIGN COUNCIL

Major Sponsor
CREATEHK

FDESIGN

Exhibition Period
5-17.10.2017
Opening Hours
10:00 - 20:00*
Venue
Exhibition Gallery,
Hong Kong Central Library
66 Causeway Road,
Causeway Bay, Hong Kong

*Exhibition opens at 15:00 on 5 Oct 2017
and closes early at 15:00 on 17 Oct 2017

Exhibition & Programme*
(Free Admission, First-Come-First-Served)

Guided tours in English, Cantonese and Mandarin
will be provided daily during the exhibition period.

For further details and seat reservation,
please scan the QR code
below to access the register link.

GP

MUO WIRELESS SPEAKER
MuoMetal
KEF
KEF
MuoFluid
WIRELESS SPEAKER
KEF
KEF
MuoFluid
WIRELESS SPEAKER

Elektro Müller

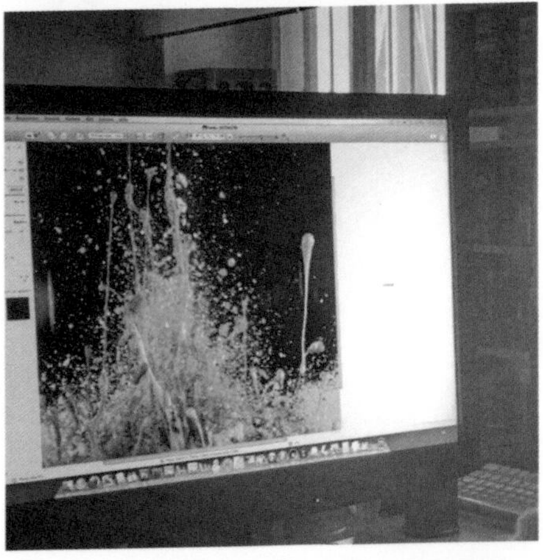

KEF & MARTIN KLIMAS

KEF MUO 的包裝設計選用德國藝術家 Martin Klimas 的作品，我飛往 Düsseldorf 和他洽談細節。Martin 的工作室位於市中心，內裡整齊簡潔，四周環境寧靜，典型德意志風格。

我從 Porcelain Figurines 開始認識 Martin，那是一輯衝擊力十足的爆破陶瓷功夫像，混中有序的構圖、極細緻的攝影技術，每一幅都令人透不過氣。我們所選用的 Sound Sculptures 是 Martin 最人氣的作品。他把不同的顏料放於揚聲器的隔膜上，然後色彩隨著音量和音頻跳動。 Martin 對於每張圖像都選擇特定的音樂，通常以充滿活力和衝擊力的音樂為主，例如 Karlheinz Stockhausen、Miles Davis 或 Kraftwerk 等。顏料以不同的動態來表演出不同的音樂風格，這些影像，都是通過他的 Hasselblad 鏡頭表現出來，據 Martin 說，他花了大約一千張照片來製作這輯 Sound Sculptures。

最令人驚訝的是，Martin 的攝影除了輕微調色外，全部都沒有修圖，其他的作品如陶瓷功夫像的拍攝，合共爆破了三、四十尊同一款的陶瓷才得出滿意效果。

Martin 的家就在工作室旁邊，我最愛那個沒有圍欄的天台，他說這是他七歲女兒的遊樂園，對港式家長是很難想像的事情。

最後還有驚喜，原來 Martin 家樓下，就是德國電子之神 Kraftwerk 的私人錄音室，Elektro Müller - Kling Klang Studio，忽然朝聖，意想不到。

臨走時，Martin 和我談起香港的樓價問題。

「你覺得我這個房子在香港值多少錢？」

「大約四百萬 Euro 吧。」

「我知道香港的樓價是世界最昂貴，只是想不到如此誇張，德國人很少買樓，我的家和工作室也是租來的，因為政府很保護租客，我們從來不為房子擔心。」

香港樓奴，真是世界聞名。

BEYOND SOUND EXCELLENCE

C-MUSIC has its roots from CELESTION professional loudspeakers and compression drivers which have earned an enviable global reputation for innovative design, exceptional performance and superior reliability.

With more than 100 years of combined experience in loudspeaker design and development, the CELESTION team has pushed the boundaries of these tools to achieve new levels of design and engineering excellence with the CELESTION speaker driver, long recognized as one of the very best guitar speaker components in the industry.

CMUSIC
BY CELESTION

CMUSIC
BY CELESTION
Portable Busking and Music System

CMUSIC

60
LS60
Wireless
Coming Soon
Shaping the future of High-Fidelity
KEF 60
Listen and believe

A、B、C、D 設計師

設計，在心態上是很自由的工作，如果沒有一定的熱誠和一顆堅定的心，是很容易會墮落的，這是我時常說的 A、B、C、D 設計師的故事。

客戶和設計公司都有分等級的，彼此都在市場上互動：

- A 級的設計歡迎各等級的客戶，只需要他們付得起設計費或是項目有話題性。
- A 級的客戶通常不會找 B 級的設計。
- 進取的 B 級設計會努力做好 B 級客戶，等待機會和客戶挑戰 A 級。
- 搵食的 B 級設計會努力尋找 C 級客戶，因為只需 B 級水平便應付有餘。
- B 級設計做 C 級客戶久了，漸漸變成 C 級客戶世界的權威，自然也忘記甚麼是好設計，自己也墮入 C 級設計水平。

地球上還有 D 級的客戶和設計師，他們多數集中在各大小公營機構。

LAPURO

LAPURO

地球之友
RIENDS OF THE EARTH

綠惜地球

不敢說我特別環保，但是我知道設計師特別容易製造廢物（或核突的設計），我們的起稿用紙、起版材料，或是設計後的物資等等。我稱它們為創意廢物，雖然大部份都是必須的，事實上減廢也是設計時必須要考慮的東西。

究竟設計師的一生用過多少張紙？

這是我出來工作第二年便思考的問題。

在Wba時，包括GREY的三台彩色影印機都是我管的，所以我做了一個簡單的統計，數字是絕對準確的。

一，保守一點的logo提案，三款設計＋概念：

草稿＋試色＋完稿＝最少五十張打印和六張十五乘二十黑咭。

二，一個 full presentation 的廣告提案：

TVC + 平面廣告 + 戶外廣告，

草稿 + 試色 + 完稿 = 最少二百張打印和三十張二十乘三十黑咭。

三，一家有一百五十人、擁有三台專業彩色影印機的廣告公司：

高峰期的用紙量大概每月三萬至四萬張 = 平均每人每年三千張。

數字驚人，曾經考慮要拜樹神。

創作的世界很大，地球的資源很少，

所以工作時盡量保持一定的綠色醒覺。

一九九六年，在熊貓會助養了一條海豚「月影」，自始便參與一些環保機構的義務工作，特別是地球之友。除了參與植樹之外，更會為它們設計一些宣傳推廣品。那時候更請得劉德華為地球出力，背景插畫，更有我的沙田工業同學李秋明相助。

二〇一六年，環保組織「綠惜地球」成立，我有幸參與其中，除了設計她們的視覺識別外，還成為了她們董事局的一員。綠惜地球由環保界百科全書劉祉鋒（Edwin）、政策觸覺敏銳的朱漢強（朱仔）和超精力充沛的鄭茹蕙（Vivien）籌劃，首屆主席由港大李煜紹教授擔任。

我和 Edwin 真正相識於微時，一九八七年的暑假我和他在灣仔的小店做暑期工，三十年後我和他一起搞環保，人生真是不可思議。Vivien 和朱仔是我相識多年的環保中堅，他們那一團火永遠是熱烘烘的。綠惜地球成立七年，敢說我們是香港其中一個最活躍的環保組織。

我們的工作範疇主要有三個：

一　推動香港可持續環境政策；

二　綠惜公民教育；

三　企業綠惜同行。

我們更提供「貼地」的環保資訊及方案，推動市民及企業承擔綠惜公民責任。我們對郊野保育教育工作更是不遺餘力，恆常的工作包括植樹、山徑修復、無痕山林教育，還有「自己垃圾自己帶走」運動。

地球資源有限，每片綠水青山，每口新鮮空氣都並非理所當然。「綠惜」是綠惜地球的核心價值，也是我們希望推動的觀念，期望大家愛惜地球，珍惜所有，支持綠惜地球。

盧永強

副主席

綠惜地球
THE GREEN EARTH

DAVID LO
Vice Chairman

Room 703, 7/F,
Kwai Cheong Centre,
No.50 Kwai Cheong Road, Kwai Chung,
Hong Kong
新界葵涌葵昌路50號葵昌中心7樓703室

www.greenearth-hk.org

RUN

Creativity Takes Off At
INNOCENTRE

區大為
the art of OU DA WEI
作品展
藝游鄰里計劃V
墨即是色
ink is colour
教育推廣活動
Education and Extension Activities
Talk by the Artist (Cantonese)
An Introduction and Demonstration of Calligraphy (Cantonese)
Guided Tour for Groups (Cantonese)
展覽查詢、活動報名及導賞預約
Enquiries on Exhibition, Education Activities and Guided Tour
藝術通達服務
Arts Accessibility Service
展覽 Exhibition (I)
9 - 19.3.2013
Daily 10:00am - 8:00pm
Exhibition Hall, Low Block, Hong Kong City Hall, 5 Edinburgh Place, Central, Hong Kong
展覽 Exhibition (II)
23.3 - 6.4.2013
Closed on Sundays
每日 Daily 10:00am - 6:00pm
Hall 2 and Hall 3, The Gallery, Jao Tsung-I Academy, 800 Castle Peak Road, Kowloon
免費入場 Free Admission

WWW.ZUNISEASON.ORG.HK

SOCIETY

社會

聯合藝術總監

榮念曾、胡恩威

CO-SRTISTIC DIRECTORS

DANNY YUNG,
MATHIAS WOO

NOLOGY

進念・二十面體為香港文化中心場地伙伴 Zuni Icosahedron is a Venue Partner of the Hong Kong Cultural Centre

進念・二十面體由香港特別行政區政府資助 Zuni Icosahedron is financially supported by the Government of the Hong Kong Special Administrative Region

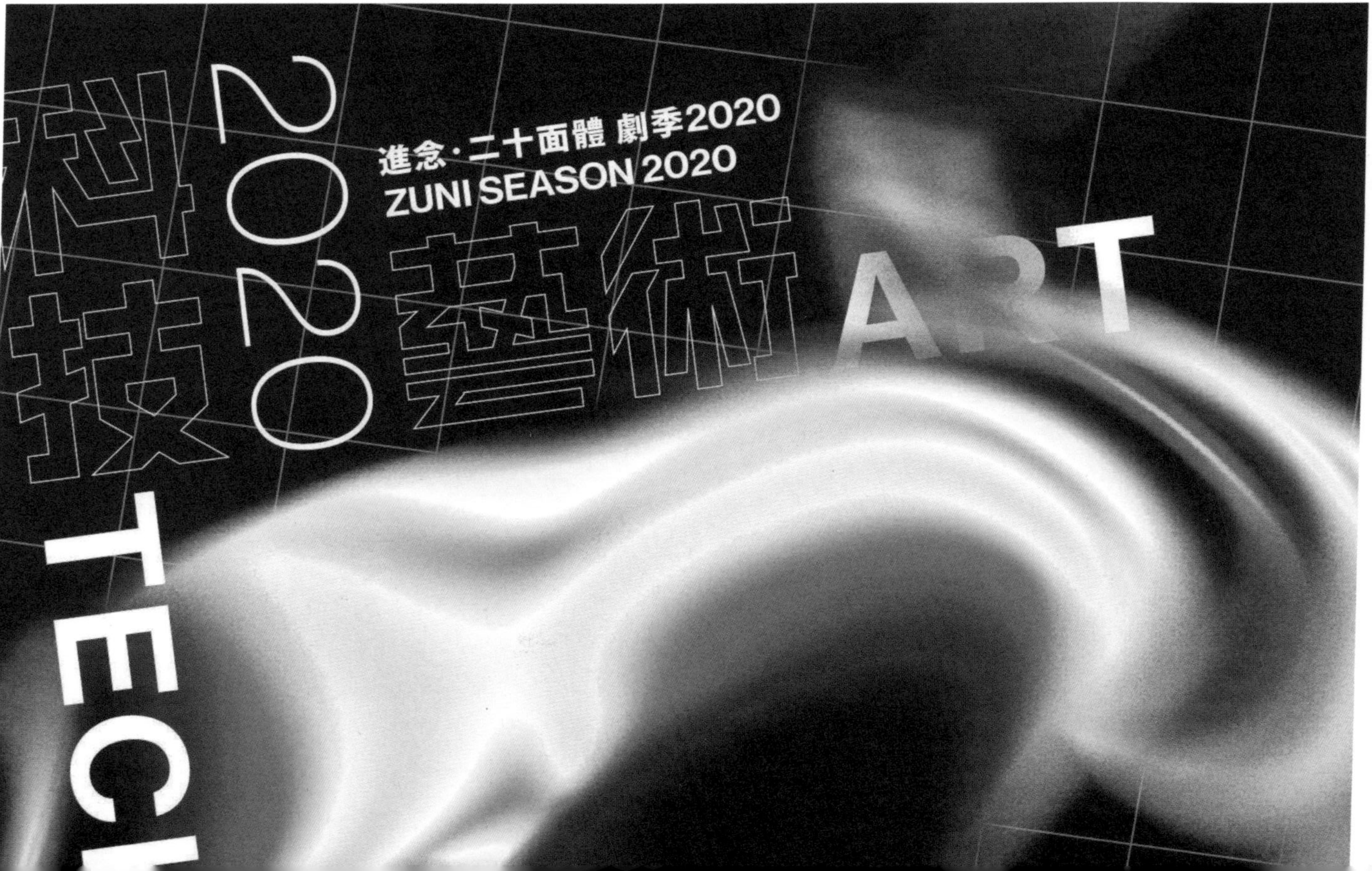
科技
2020
進念·二十面體 劇季2020
ZUNI SEASON 2020
藝術
ART
TEC

Over The Treetops,
We See More In 2004
猴
Glow like a star in the Year of Monkey
Nourish our senses with better designs
Inject more newness and fun into our creation
Keep at our endeavor and devotion
Yield for more recognition in exhibition of our work
Extend our horizons through interactivity in competitions
Keep up our team spirit with more award-winning work
Natural beauty in brand new interpretations
Originate more ideas into stunning concepts
Magnify the power of design and hues
Happy New Year!
And may our resourcefulness be useful to you!

MONKEY
Wba

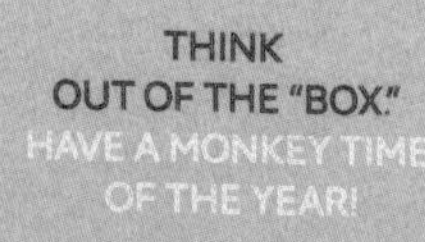
THINK
OUT OF THE "BOX."
HAVE A MONKEY TIME
OF THE YEAR!

DAVID LO
YEAR OF THE MONKEY
1968

LOMATTERS

鸡
CLUCK,
CLUCK,
CLUCK!
MAY THE YEAR OF
THE ROOSTER
BRING GOOD
LUCK!
KFC
KUNG HEI
FAT CHOI
year
the
Rooster

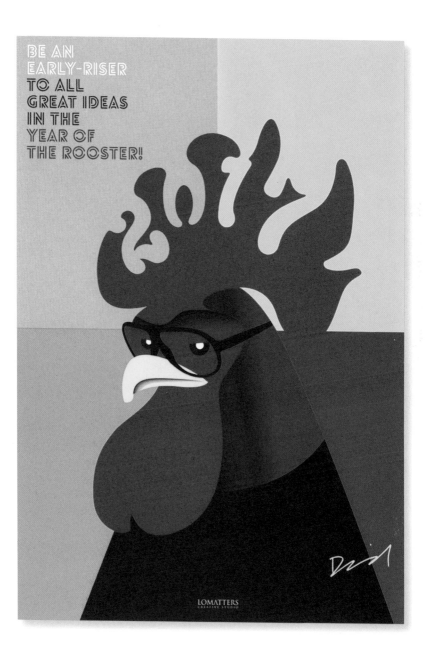

BE AN
EARLY-RISER
TO ALL
GREAT IDEAS
IN THE
YEAR OF
THE ROOSTER!

LOMATTERS
CREATIVE STUDIO

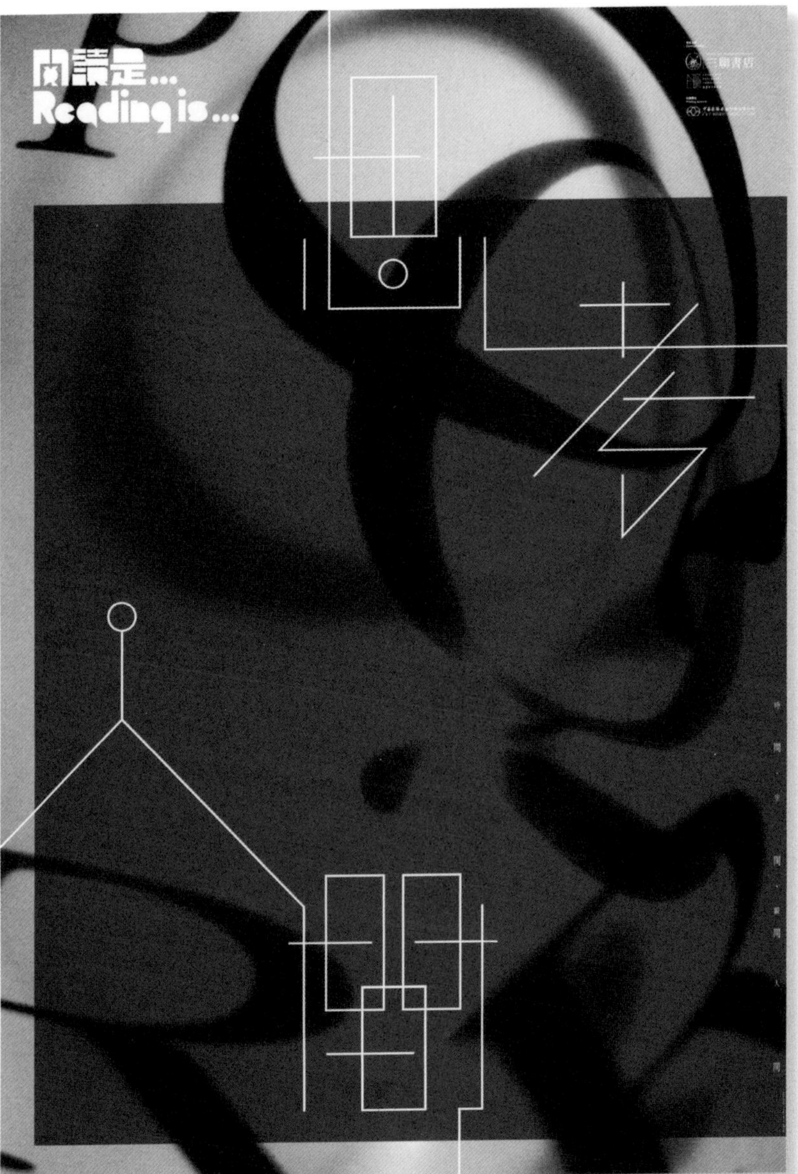
閱讀是...
Reading is...
三聯書店

2021
shanghai
design
10X10

Q.I.G
6.30.1997
7.1.1997
HELLO HK!
皇后碼頭

In the Mood for Love
SAGMEISTER
Heatherwick

When I tell you that I miss school

what I really mean is that I miss the people I had fun with

—

中學是男人的故鄉

第八章

CHAPTER EIGHT

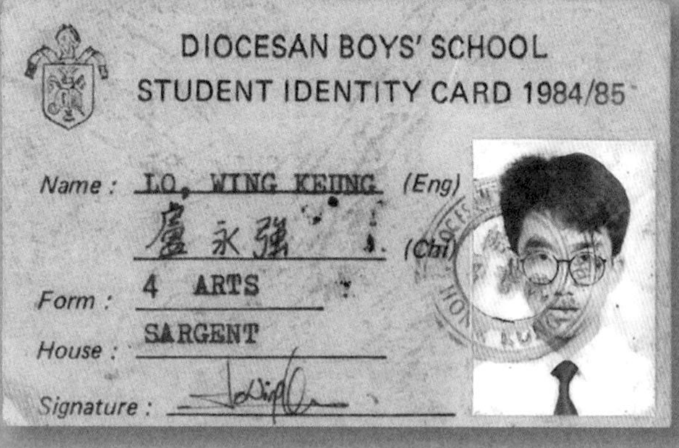

250 0 500
舊界綫
廣九鐵路
英皇子道
拔萃書院
油蔴地車站
洗衣街
花園街
通菜街
彌敦道
旺角道
潔淨局馬房
新市址街

4ARTS

一九八四年夏天，輾轉轉了幾間中學，二哥語重心長的說：「你這樣下去不是辦法，想試試轉去我的中學嗎？」那些年的中學學位，沒有今天那麼緊張，差不多每間學校、每個年級也有插班的空間；二哥的學校如是，那是男拔萃。

有壓力嗎？沒有，我跑得慢，唱歌難聽，唯一的優點是有點天真和美術天份。

面試當日，已故的麥志燊老師問：「……David Lo，你成績咁差，點解會申請男拔萃？」「我唔喜歡之前的學校，也覺得之前的學校唔喜歡我，唔清楚識唔識讀書，只清楚很喜歡美術。」就是這個戇居答案，令我成為**4ARTS**的一份子，還記得開學那天是九月三日。

4ARTS有四名插班生，一個是游泳健將，另一個是揚琴高手，再另一個忘記了有甚麼專長，我擅長是美術，算得上是加多利山的異類。這裡的學生臥虎藏龍，但是沒有很目中無人，同學間存在一種崇優主義，只要你擁有一項令人欣賞或奇特的優點，便很容易找到一個存在的空間。這個「優」，不一定是學術、運動或音樂專長，可能是你人緣好、懂得講笑話、講粗口特強，甚至是一個電影痴也可以，而大家很快便認識我這個懂美術的同學。

我很快便融入校園生活，拔萃校風開明開放，包容團結，學生自信，也十分自我。校園是二十四小時開放的，每天都有很長時間留在校內，夏天時，差不多整個暑假都待在泳池；冬天時，我們幾個同學最愛和救生員基哥在泳池燒雞翼；學校像是另一個家，充滿歸屬感。

八十年代，拔萃沒有正規的會考美術課程，整個中五學年都是在美術室門外自修，每星期有幾天早課是自由活動，倒也樂得逍遙。同一時間，有幾個同學報考美術，我們除了喜歡美術，更喜歡逃學。那時候的自修堂，不過是拿張椅子在美術室門外隨意亂畫，因為正對著校長的車子，不知就裡的同學，還以為我們被罰。

當年掌管美術室的是美術老師「何蘭豆」，何 Sir 健談幽默沒架子，他更是學校的潮流指標，架雷朋墨鏡、開金色 Datsun 280ZX，十分有型。我們上課與否，從來不是問題，逃學，也沒甚麼大不了。

當年的逃學活動，除了在旺角或太子道飲早茶之外，多數集中在佐敦一帶戲院的廉價早場，所謂早場，就是重播七、八十年代的中外電影，最愛邵氏出品的我，看得興奮之餘，也恰恰彌補了一段電影空白，看得最多的導演是張徹和桂治洪，一個剛陽猛烈，一個陰陽怪氣，還記得看完桂治洪的《打蛇》後，整天失去食慾。

偶爾遇著雨天或心情悶鬱的日子，我便會在美術室與何Sir談談天，說說笑。雖然我沒有正式上過老師的課（正式的美術課叫補課，要付錢的），可是他給我很多設計進修的意見，亦是在那時候開始，我認識了香港的設計院校，如大一、正形、工業學院和理工等，他口中像謎一般的徒子徒孫設計師，實在令人神往。

很多年後，在賣物會中遇見麥志燊老師。

「究竟當年點解你會收我？」我問。

「David Lo，我哋除咗教書，重要教做人。讀書、運動比你叻嘅排到落旺角地鐵站，學校雖然無你想讀嘅美術課程，但係拔萃有嘅係空間，我哋收你，只係想俾你多啲發揮空間……」

這是一個很八十年代的故事。

加多利山

「我覺得好似一隻鴨仔。」

這是小時候我對二哥的中學校章的印象。

二哥很少待在家，因為他在學校寄宿。然而他每次回來，他都會送我一堆雜七雜八的禮物；當中除了玩具之外，還有印上鴨仔校章的玻璃杯、文件夾、筆記簿，以及好像和尚袋的書包等，雖然我不是唸這間學校，但是東西用得多、看得多了，也對鴨仔產生感情。

「唔好亂講，那個是聖公會的徽號。」二哥說。

我讀的是佛教小學，那個複雜的鴨仔和我的「卍」字校章有很大的對比，我曾經對這個「卍」字有點抗拒，因為它和納粹黨的徽號相似；在沒有維基的古代，我去問外號「老妖」的班主任，「佛教和納粹黨有甚麼關係？」她解釋

兩個符號的方向不一樣，還有納粹黨的徽號是斜斜的，以四十五度角展示。本來想反駁她一面旗兩面看不是一樣嗎？另外，一般人根本分不出是不是四十五度角！但是我害怕她又要我罰跪，這才硬生生把說話吞回肚裡。反而老妖解釋鴨仔校章的典故卻十分清楚，它是從香港聖公會的徽號中演變過來，雖然造型有點不一樣，但內裡的元素基本上是相同的。

生命總是充滿意料之外，我也想不到很多年後有機會背上鴨仔書包上學。由於對鴨仔有感情，上山第一天便注意到校園裡充斥著各種不同形狀、顏色和年份的校章。百年老校有幾代設計並不出奇，但是歷代祖先共存就十分有趣，當你仔細觀察，更會發現同年代的設計都有很大的分別。例如聖經有中文直排和英文橫排兩個版本；主教冠也有十字架和沒有十字架之分，很多很多，像密碼一樣。

問何蘭豆老師，他說以前的標誌設計都是人手繪畫，以及以黑房技術複製，由於精準度不足，日子久了就會出現偏差，「加埋學生、老師或一啲茂里用自己嘅方式演繹同修改，所以咪有咁多款囉。」何蘭豆說。

一九六九年時，時任校長 Mr. Lowcock 提出新校章設計，以取代戰後所用的版本，亦即是我小時候看到的鴨仔版。新校章設計簡約，紅、黃、藍三色

配搭，富現代感而不失莊嚴，以當時的水平來說，已經符合一般應用。由於資源所限和學校對執行設計沒有很嚴格的規定，所以自七十年代起便有兩款校章共存，像校褸用的大校章是新版，但是書簿封面和信封信紙等印刷品則繼續使用舊版。

這所位於加多利山的學校是一所特殊學校，因為所有舊生都覺得和她的關係是一輩子的事，事實上，只要學校有需要，我們都會義不容辭的站出來。

二〇一二年時，和鄭校長 Ronnie 談到學校的 Visual Communication（視覺傳達），大家都覺得有需要調整比較雜亂的 School Identity，以配合現代化和數碼化的需要；再者，學校自千禧年起作出了多項改革，包括學科、學制、環境和建築等，也是時候需要一個鮮明的形象來告訴大家我們對學校和社會的承諾。

正式來說，這是學校一百五十年歷史的第四個校章版本，所以用了很長時間在資料蒐集和造型設計上，大約用了五個月完成初稿，差不多一年後才決定最終版本。設計方案分成三個部份，第一，整合和調整校章的外觀和裡面的七

個圖案設計。第二，色彩設定。第三，線上到線下的設計應用，包括印刷和數碼展示等。

這已是十年前的事了。

設計師的一生，一定有幾份滿意的作品，但是滿載個人感情的肯定沒有多少，這個小小的校章，應該是我最難忘的其中一份。

還記得處理校章中的聖經時，想起當年上完人生第一堂 Religious Studies，我問老師 Mr. David Lee，「究竟基督教和天主教有乜分別？」真是有夠蠢的問題。他很有耐性在小息時解釋給我聽，我也大概有個明白。

「你係插班生，我也是新來的老師，你玩運動定音樂？」

「無，我淨係識畫畫。」

「咁特別？Nice to meet you!」

Mr. Lee 是一個來自喇沙，我很喜歡的老師。

我自己收集的 DBS 校章大概有三十多款，
相信只有設計師才有這種嗜好。

DIOCESAN BOYS' SCHOOL

SEVEN ELEMENTS OF OUR SCHOOL BADGE

MITRE

The mitre is the traditional headgear worn by bishops. As a symbol, its meaning is twofold. It shows that the Anglican Church is an episcopal church, a church guided by bishops. It also underlines the fact that the Anglican Church has inherited the faith of the Apostles

CROWN

Placed above the Bible,the crown is the symbol of the kingship of Christ. It indicates that the Church works in the world in obedience to Christ and to the glory of God

BIBLE

The book placed in the middle of the shield is the Bible, which is a record of the self-disclosure of God in history - the history of the people of Israel in the Old Testament period and the life of Jesus Christ. The doctrine, discipline and worship of the Anglican Church is based on the Bible and must be in accordance with its teaching

CROZIER

The symbol of the pastoral responsibility which the Church bears for the world. It is also known as the pastoral staff. It reminds the Church of its humble identity as servant

KEY

The symbol of authority which the Church receives from Christ

SHELL

Placed beneath the Bible, the shell is used to symbolise Baptism. It underlines the evangelistic mission of the Church which is to preach the Gospel, to draw people to Christ and to baptise them

SHIELD

The shape of a shield signifies the defending of Christian faith in the temporal world

拔萃男書院
Diocesan Boys' School
香港九龍亞皆老街131號
131 Argyle Street, Kowloon, Hong Kong

電話 Tel (852) 2711 5191
傳真 Fax (852) 2711 9407
電郵 Email

3 Young Ya Ind. Building
Sha Tsui Road, Tsuen Wan
ng Kong

10 November 2019

Diocesan Boys' School Foundation Limited

Dear Fellow Brothers,

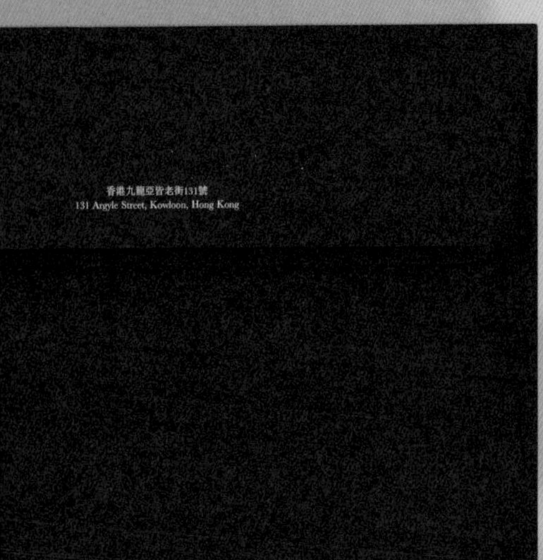

鄭基恩
Ronnie Kay Yen CHENG
校長 Headmaster

拔萃男書院
Diocesan Boys' School
香港九龍亞皆老街131號
131 Argyle Street, Kowloon, Hong Kong
電話 Tel (852) 2711 5191
傳真 Fax (852) 2711 9407
電郵 Email

拔萃男書院
Diocesan Boys' School
香港九龍亞皆老街131號
131 Argyle Street, Kowloon, Hong Kong

電話 Tel 852 2711 5191
傳真 Fax 852 2711 9407
電郵 Email [illegible]

23B Young Ya Ind. Building
381 Sha Tsui Road, Tsuen Wan
Hong Kong

10 November 2019

Diocesan Boys' School Foundation Limited

Dear Fellow Brothers,

Invitation to the 45th Reunion Class Gift Ceremony of Class of 1973 on Wednesday, 27 November 2019
Registration: 8:30 a.m. - 8:45 a.m.
Ceremony: 8:45 a.m. - 9:30 a.m.
Mingling: 9:30 a.m. - 10:00 a.m.

We would like to invite you to join us in celebrating with the Class of 1973 at their 45th Reunion Gift Ceremony, to be held at 8:45 am on 27 November 2019.

This will mark the 26th class gift we have received since inception of the Foundation. No doubt, everyone here is very excited about the continuous momentum and even prouder about our Diocesan spirit which leads to such generous and growing support from our old boys!

Light refreshments will be served. Dress code for the event is smart casual.

Regards,

Ronnie Cheng

150
150

DBS

#logo
#dbs150
#2019

Diocesan
Boys'
School
150th
Anniversary
Logo
Design
Competition

> Judging Panels

Ronnie Cheng '83
Headmaster,
Diocesan Boys' School

Lawrence Yu '65
Chairman,
DBS 150 Steering
Committee

Horace Chan '65
President,
Diocesan School
Old Boys' Association

David Lo '86
Director,
LOMATTERS

Thomas Chow '75
Director,
TCA

Prof. Eric Yim
Chairman,
Hong Kong Design Centre

Prof. Cees De Bont
Dean,
School of Design,
Hong Kong Polytechnic
University

Freeman Lau
Creative Director,
KL&K Design

Deadline for submission
> 15.02.18

1869-2019

★ Submission Requirements and Format:

150TH
1869
2019
DIOCESAN
BOYS' SCHOOL

MUSIC – A DBS Heritage, Culture and Life.
150TH
1869 2019
DIOCESAN BOYS' SCHOOL 150TH
ANNIVERSARY
CONCERT
MASTERWORKS
Two grand concerts
by
generations of DBS musicians
CONCERT I
CONCERT II
Concert Hall, Hong Kong Cultural Centre, Tsim Sha Tsui, Hong Kong

DIOCESAN FROM AGE TO AGE
DBS 150TH ANNIVERSARY ART EXHIBITION
150TH
1869 2019
藝1萃5香0港
FRIDAY 4 OCTOBER – MONDAY 7 OCTOBER 2019
VENUE
DIOCESAN BOYS SCHOOL SECONDARY DIVISION AND PRIMARY DIVISION
OPENING
CEREMONY
FRIDAY 4TH OCTOBER 2019
6.30 PM
AUDITORIUM, DBS
ARTWORKS
PAINTING AND SCULPTURE
PHOTOGRAPHY
DESIGN AND TECHNOLOGY
LIVE PERFORMANCE – DRAMA AND MUSIC BY STUDENTS AND TEACHERS OF SECONDARY DIVISION AND PRIMARY DIVISION AND OLD BOYS
SUB-THEMES
FROM AGE TO AGE / GENERATION TO GENERATION
LIKE FATHER LIKE SON / BROTHERHOOD
FROM INNOVATION TO IDEALIZATION
GLOBAL CITIZENS
DIOCESAN & HONG KONG SHENG KUNG HUI
EXHIBITION

Diocesan Boys' School 150th Anniversary Dinne

DIOCESAN BOYS' SCHOOL

Saturday, 30 November 2019
Reception | 6:00 pm, Dinner | 7:00 pm
Grand Hall, Hong Kong Convention and Exhibition Centre

150TH
1869
2019
DIOCESAN
BOYS' SCHOOL

AN BOYS' SCHOOL 150TH
NIVERSARY
NCERT
EXIT

15
1869

少男時代跑山記

蘋果日報－文化－二〇一三年十二月十九日

早前帶學生設計體驗團，特地選址九十後無乜人識的加多利山，「我是男拔萃舊生，加多利山是我讀書時期一個重要回憶。以前上PE堂經常要跑山，學校也會每年辦一次Apple Race，每班派幾名代表出來跑山，跑贏的一班獎吃蘋果。」

加多利山周邊冒出的新樓，把天空遮去一大片。

少男時代跑山往事，成為他日後創作的養份，「小時候沒有特別留意，只是奇怪為何整個山上的房子都是白色的？到幾年前突然想起這個地方，就開始搜集加多利山的資料，慢慢發現許多有趣的故事：原來一開始嘉道理家族用了三十多萬元就買了這塊地、第二次世界大戰期間這裡被日軍租用過，但日軍無交租⋯⋯知道越多，對這個地方越有投入感。」盧永強有時駕車回家，會故意駛上加多利山兜兜風，看屋看樹⋯⋯近年最慨歎周邊樓宇商場越起越高，破壞和諧，「以前景色比較開揚，現在都是屏風樓，熱死人！那些高樓大廈跟原來環境完全唔夾，所以我經常跟學生說，他日有機會做設計，一定要尊重環境，追求設計要配合環境和諧。」

帶九十後走加多利山，用意是叫年輕人多發掘城中隱藏瑰寶，「近年大家很熱衷講保育，其實很多時候，都是看到東西要拆，先開始懂得珍惜。其實城市裡本身有好多好東西，日常都可以看到，最重要是學會培養欣賞的態度，不要失去了才懂懷念。」

消失的字體美學

去加多利山看包浩斯，盧永強提大家，不妨細心留意富有「古早味」的字形設計，「太子道西加多利大廈的字款，在舊電影海報中很常見。以前年代還未流行電腦，這些字是用人手一個個做出來的，也因此會出現很多風格，富有人味。早二、三十年前，大家很注重字體美學，每位漫畫家都有自己獨特的字款。我記得讀書時做過一份暑期工，就是畫這些字體海報，畫足一個暑假，是一件很花功夫的事。現在要甚麼字款，用電腦一按就有，好方便；但變成通街用同一種字款，失去了多元性。」

Diocesan Boys' School
Our Forty-Six

At our annual exhibition at DBS Garden Fete (Sunday 8th November 2015), which also falls on the 70th Remembrance Sunday after WWII, we wish to pay tribute to and commemorate the 46 old boys who gave their lives during WWII across countries and whose names are engraved on the Memorial Plaque outside the School Hall, plus a few who have been recently discovered. This exhibition is not the end of their legacy, but the start of a new page of their stories that are yet to be discovered.

"They shall grow not old as we that are left grow old.
Age shall not weary them not the years condemn.
At the going down of the sun and in the morning we will remember them."
(L. Binyon "For The Fallen")

Lest we forget.

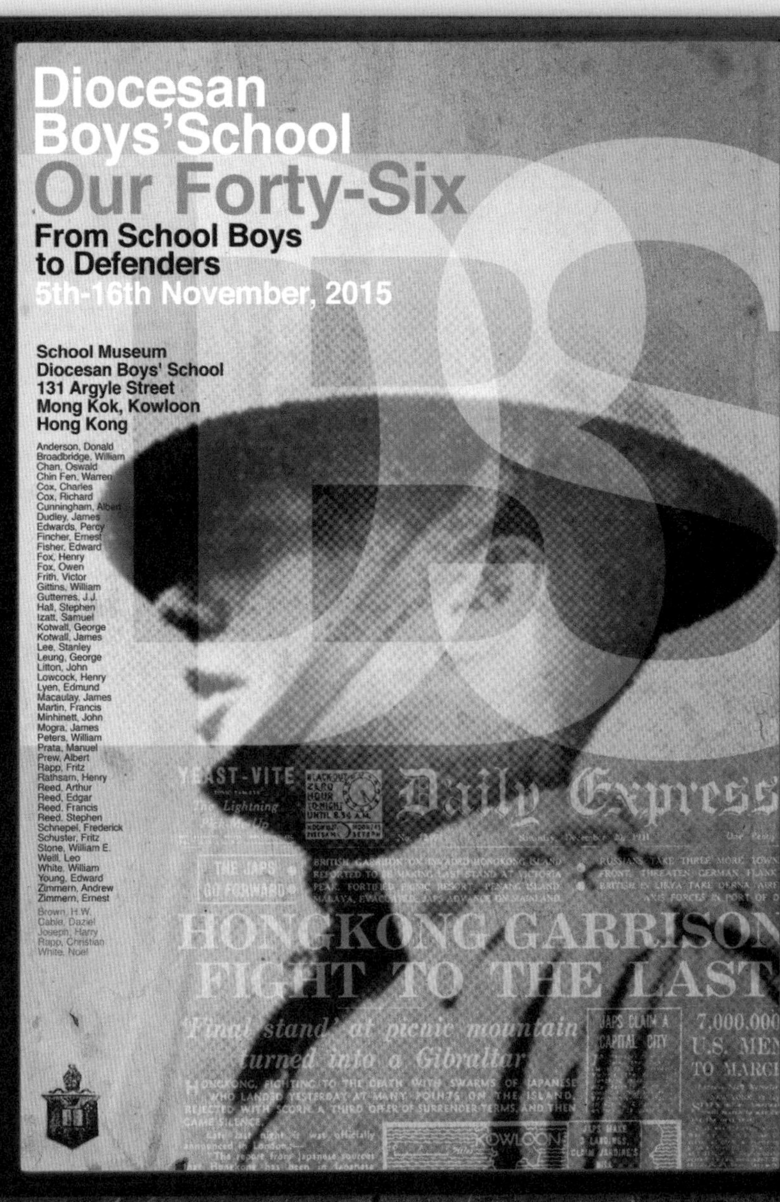
Diocesan
Boys'School
Our Forty-Six
From School Boys
to Defenders
5th-16th November, 2015
School Museum
Diocesan Boys' School
131 Argyle Street
Mong Kok, Kowloon
Hong Kong
Anderson, Donald
Broadbridge, William
Chan, Oswald
Chin Fen, Warren
Cox, Charles
Cox, Richard
Cunningham, Albert
Dudley, James
Edwards, Percy
Fincher, Ernest
Fisher, Edward
Fox, Henry
Fox, Owen
Frith, Victor
Gittins, William
Gutterres, J.J.
Hall, Stephen
Izatt, Samuel
Kotwall, George
Kotwall, James
Lee, Stanley
Leung, George
Litton, John
Lowcock, Henry
Lyen, Edmund
Macaulay, James
Martin, Francis
Minhinett, John
Mogra, James
Peters, William
Prata, Manuel
Prew, Albert
Rapp, Fritz
Rathsam, Henry
Reed, Arthur
Reed, Edgar
Reed, Francis
Reed, Stephen
Schnepel, Frederick
Schuster, Fritz
Stone, William E.
Weill, Leo
White, William
Young, Edward
Zimmern, Andrew
Zimmern, Ernest
Brown, H.W.
Cable, Daziel
Joseph, Harry
Rapp, Christian
White, Noel
YEAST-VITE
Daily Express
THE JAPS GO FORWARD
HONGKONG GARRISON FIGHT TO THE LAST
'Final stand' at picnic mountain turned into a Gibraltar
7,000,000 U.S. MEN TO MARCH
KOWLOON

DIOCESAN
BOYS'
SCHOOL
FOUNDATION
LIMITED
TOTAL FUNDS RAISED
SINCE INCEPTION TO
31ST AUGUST 2018
Endowment Fund
Total Fund Pledged as at 31 August 2018

PLEDGES
FROM OLD BOYS
$76,784,000
PLEDGES FROM
PARENTS
$69,150,000
PLEDGES FROM
FRIENDS OF DBS
$20,900,000

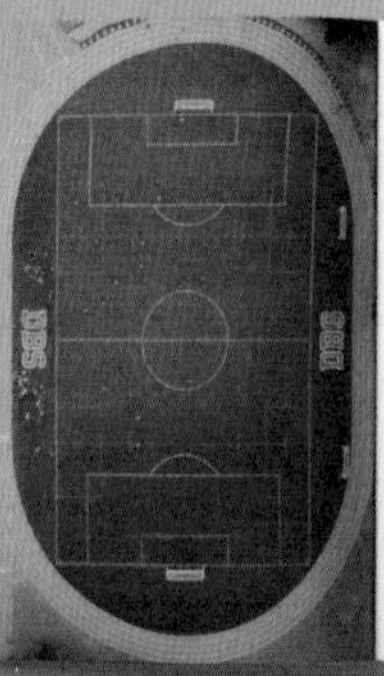
DBS
DBS
OUR PROJECTS

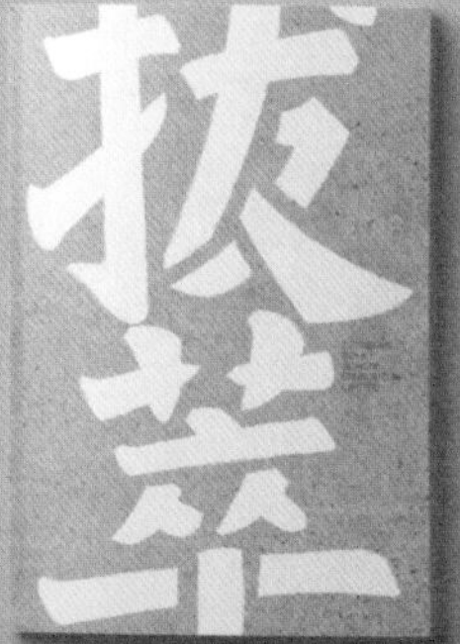
拔萃

THE VISION
OF THE SCHOOL

OUR

Form 5A

(from left to right)

Back row: Thomas Ng, Alexander Tai, Patrick Cheng, Anson Chan, Benjamin Chui, Au Wing Yee, Alexander Chiu, Andrew Pau, Marco Shek. **Second row:** Raymond Lam, Ng Sai Wing, Edwin Fung, Otto Chan, Mak Koon Man, Kevin Chan, John Lee, Arnold Ho, Larry Feng, Joseph Wan. **First row:** Joseph Wong, Henry Yeung, Eric Chan, Michael Ngai, Jasper Lee, Christopher Yeung, Edward Tsang, Wilson Cheung, Patrick Lam, Charles Choi, Sherman Ho, Simon Hui, Kenneth Sim. **Sitting:** Haven Tso **(Treasurer)**, Andrew Wong **(Secretary)**, Miss P.M. Tai **(Form Mistress)**, Steve Lo **(Form Captain)**, Charles Leung **(Sports Captain)**.

Form 5B

(from left to

Back row: Tse Chi Kin, Wong Man Chu, Chung Chi Fai, Michael Wong, Eric Lam, Yeung Hon Ming, David Lee, Kwan Hing Yeung Kin Chung, Lo Cheuk Kee. **Middle row:** Chan Man Fai, Ng Chung Hor, Djeng Wing Shing, Lam Wai Kei, Michael So Wai Chung, Wong Man Hon Chan Kwan Ho, Patrick Sum, Tony Ho, Liauw Kwok Tjong, Tse To Tsaun. **First row:** Ce Anthony Lam, Raminder Gill, Stephen Chan, Choi Wai Kwung, Lau Wai Kei, John Liauw, Tang Kai Kwong, Kam Wai Mi Chung Wah, Lui Chung Ho, Jonathan Yau, Peter Lam. **Sitting:** Lam Leung **(Sports Captain)**, Michael Tun **(Form Ca** Mr. K. I. Fong **(Form Master)**, David Cheng **(Secretary)**, Victor Norenha **(Treasurer)**.

Form 5D

(from left to right)

Back row: Lam Kam Ming, Lau Ka Kit, Chung Wai Kit, Eric O'shea, Davis Yung, Ivan Mak, Albert Chan, Liu Kwok Hung, Wong Chi Yik. **Third row:** Vincent Yiu, Danny Lam, Chan Kwong Lam, Jimmy Ng, Simon Siu, Yeung Bun, Chiu Chuk Man, Ho Siu Wai, Sammuel Chan, Gary Fong. **Second row:** Carl Cheung, Keith Lee, William Mak, Peter Wong, Raymond Law, Raymond Lee, William Law, Cheng Chi Kan, Stephen Lo, Boris Lee, Henry Chien. **Sitting:** Pong Ka Wah **(Sport Captain)**, Liu Lap Fai, Castro **(Form Captain)**, Mr. C.K. Ma **(Form Master)**, Johnson Tang **(Secretary)**, Cheu Chi Keung **(Treasurer)**, Lo Wai Hung.

Form 5C

(from left to

Back row: Law Ka Chi, Singh, Karamjit Brar, Kenneth Kong, Johnny Wong, Vincent Chan, Kenneth Chui, Lui Cho K Elvis Kwok. **Second row:** Chan Chiu Ming, Herman Chung, Tong Chi Wan, Kenny Kwan, Peter Pang, So Chi Man, Timoth Mores Lui, Barry Wong, Chan Chi Chung, Eddie Tai. **First row:** Danny Yeung, Barry Lai, Howard Cheung, Ng Kai Yuen, Ke Au Yiu Ming, Ip Chi Ming, Andy Cheng, Dhillon, Rajpal Singh, Yeung Man Kwong, Thomas Lau, Albert Wong, Kwan Ma Poon Hing Chuen, Stephen Leung. **Sitting:** Philip Leung **(Sports Captain)**, Patrick Ma **(Form Captain)**, M C. Li **(Form Master)**, Antony Lau **(Secretary)**, Dansinghani, Manoj G. **(Treasurer)**.

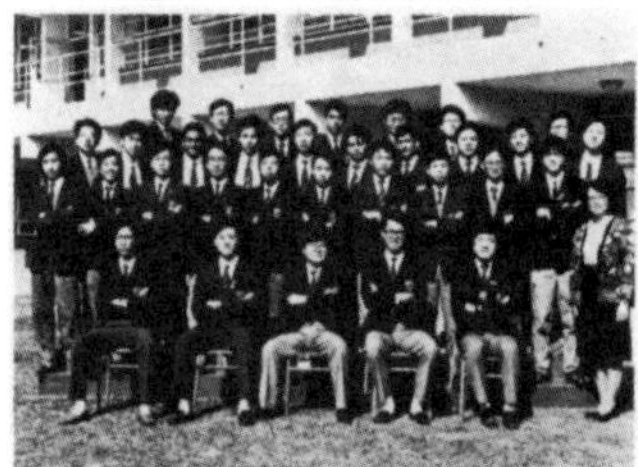

Form 5Arts

(from left to right)

Back row: Jeffrey Chan, Simon Leung, Conrad Law, Prem Balani, Philip Fu, Paul Ching, Danny Ching. **Middle row:** Daniel Cheng, Percy Kong, Azeem Chiba, Stanley Chiu, Luk King Hang, Peter Kong, Arun Mahtani, Anthony Paul Jacobsen, Eric Ng, Sammy Chin. **First row:** Cheng Yan, Albert Lo, Harry Fung, David Lo, Shiu Ying Leung, Wilson Cheung, Eric Lee, Henry Tung, Willie Li, Kenneth Lam. **Sitting:** Johnny Tse **(Sports Captain)**, Peter Mark **(Form Captain)**, Andy Yau, Philip Leung **(Secretary)**, Henry Harris **(Treasurer)**.
Mrs. J. Choy **(Form Mistress)**.

CLASS OF 1986

DIOCESAN BOYS' SCHOOL

健
生
傢
萃男書院
英俊瀟洒
風流倜儻
科

讀了九年佛教學校，轉到基督教中學後，
從歌詠釋迦變成讚美耶穌，
雖然不是佛教徒，還是感到有點尷尬。
第一首在早會唱的是 *School Hymn*，
很有氣勢，唱一次已記得了。
第二首是 *Morning has broken*，
Cat Steven？這間學校真好。

很多同學在畢業後失散多年，
大部份都是最近十多年才陸續聯繫上。

中學是男人的故鄉，
我們都很想念加多利山這個鄉下。

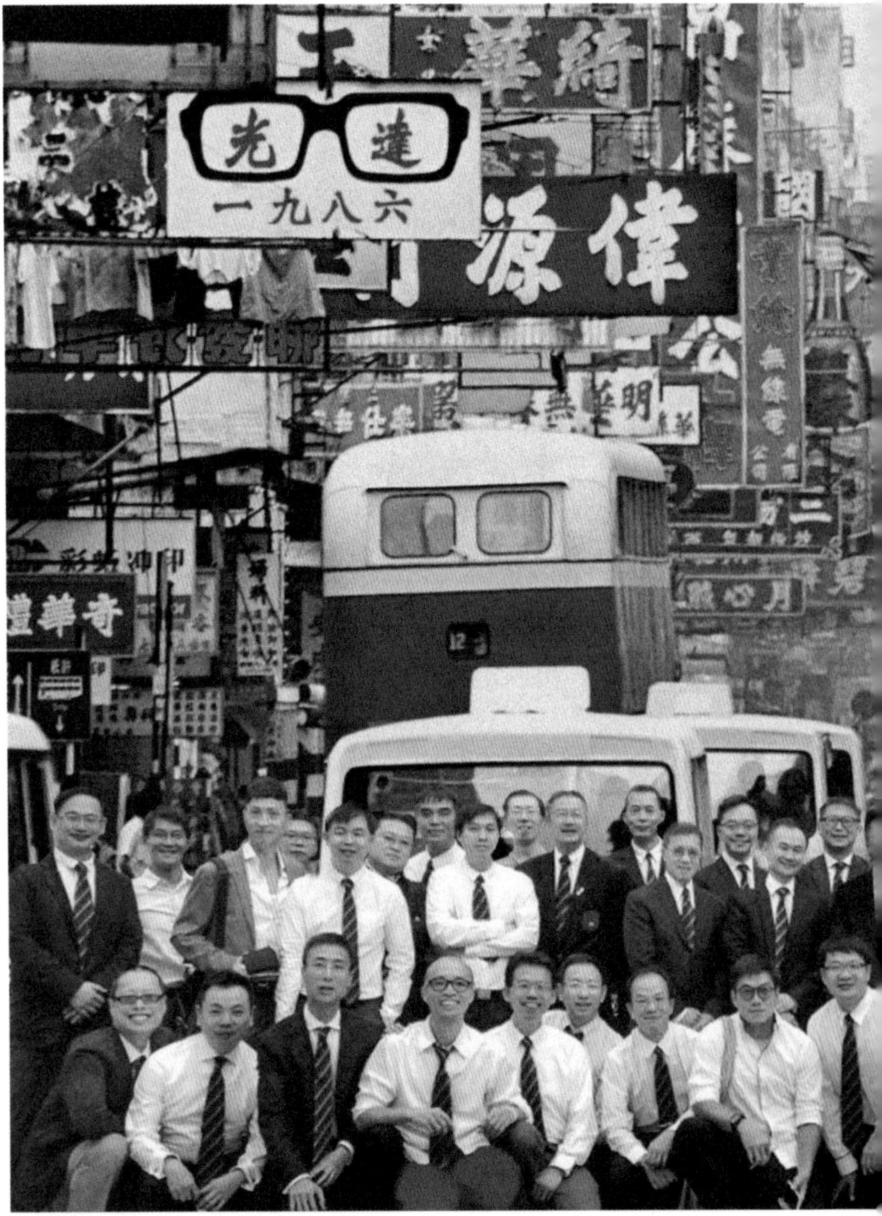

疫情高峰期，原本的三十五周年紀念活動都取消了。海外的同學不能回港，本地的同學排除萬難，舉辦了一個小小的聚會。希望四十周年時，全世界的同學都能夠回來一聚。

有你有我有
DIOCESA
BOYS
SCHOO
Class of 19
35th Anniversa
Please join us at School Field
on the 20th of November, 2021
Photo-shooting:
1600-1800
Dinner: TBC
LONG
TIME
NO
SEE
DBS

LONG
TIME
NU
SEE

LONG
TIME
NU
SEE

life is a
journey to be
experienced

**not a problem
to be solved**

-

DIG

DESIG
SHOW

ジア知的財産シンポジウム
主催：一般社団法人沖縄県発明協会
演題①
香港のデザイントレンド
設
「DESIGN
XCEL」
Joint-School Design Collaboration Programme 2017
聯校設計協作計劃 2017
Kickoff Event | 啟動禮
25 May 2017 | 2017年5月25日
#DesignXcel
#DesignXcelKickoff
#DesignCouncilHK
列
DFA
COMMUNICATION & DESIGN
VISION 2021
PGM
CAM 1
CAM 2
CAM 3
Presentation Ceremony
頒獎典禮

DESIGN
NEXTGEN
AWARDS
2016
PRESENTATION
CEREMONY
新生代設計獎2016
頒獎典禮
INESS OF
GNWEEK
Italy
makes
a differ_
ence
Bakery

NOWHER
NOWHER
DFA Design for Asia Awards 2020
Award Judging
NOSIGNER
AWARDS
PRESENTATION
CEREMONY

David Lo

Founder and Creative Director
LOMATTERS Creative Studio
2006 to Present

Design Consultant
KEF | Kent Engineering & Foundry /
GP Batteries
2017-Present

General Manager
South China Media Group
2006

General Manager
Wba, Grey Global Group
1999-2006

Director of Design
Grey Worldwide
1999-2000

Design Manager
adMart
1999

Art Director
Alan Chan Design Company
1996-1999

Art Director
BGX
1995

Board of Director
Hong Kong Design Centre
2016-Present

Vice Chairman
Hong Kong Design Centre
2016-2022

Vice Chairman
The Green Earth
2017-Present

Committee Member
Board of Review-Film Censorship
2016-Present

Committee Member
Hong Kong-Taiwan Cultural
Co-operation Committee
2017-Present

Panel Member
Design Discipline Advisory Board
(DEDAB), Hong Kong Design Institute
2017-Present

Panel Member
Faculty Advisory Committee
(Design and Environment)
Technological and Higher
Education Institute
2016-Present

Committee Member
Stamp Advisory Committee at General
Post Office, Hong Kong
2006 to 2022

Former Chairman
Hong Kong Designers Association
2012-2014

David is also a proactive member in worldwide design competitions. He earned his special recognition at the awards of Communication Arts, New York Festivals, One Show, Young Guns Australia, Japan Applied Typography, Design for Asia Awards, Hong Kong Designers Association Awards and Ten Outstanding Designers Award 2013 etc.

責任編輯 | 李宇汶
書籍設計 | 盧永強
封面插畫 | 盧芯悅

書名 | 設計是一種孤獨的幸福

著者 | 盧永強

出版 | 三聯書店（香港）有限公司
香港北角英皇道499號北角工業大廈20樓
Joint Publishing (H.K.) Co., Ltd.
20/F., North Point Industrial Building,
499 King's Road, North Point, Hong Kong

香港發行 | 香港聯合書刊物流有限公司
香港新界荃灣德士古道220-248號16樓

印刷 | 利高印刷有限公司
新界葵涌大連排道21-33號宏達工業中心9樓11室

版次 | 2023年7月香港第一版第一次印刷
規格 | 135mm x 195 mm (448面)

國際書號 | ISBN 978-962-04-5268-0

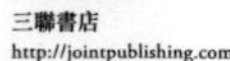

三聯書店
http://jointpublishing.com

JPBooks.Plus
http://jpbooks.plus